KB036304

불안

이 책은 2019년도 건국대학교 KU학술연구비 지원을 통해 마련되었습니다.

"존재의 목소리"

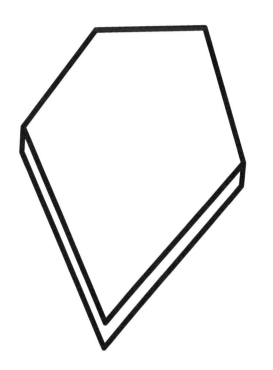

불 안

김 석 지음

은행나무

들어가며

1장　불안은 병이 아니다

2장　정상과 비정상

3장　불안과 우울

4장　불안시대, 불안사회

불안은 병이 아니다

바야흐로 불안의 시대다. 코로나 블루Corona Blue와 우울장애, 강박장애, 신체형장애*처럼 불안과 연관된 다양한 정신적·신체적 고통을 호소하는 사람이 참 많아졌다. 정신장애라고 단정할 수는 없지만 여러 원인으로 잠을 자지 못하고, 신체에 이상은 없는데 소화가 안 되고, 머리가 아프고, 몸 군데군데가 답답하다고 호소하며 약을 먹는 사람이 꽤 많다. 필자의 주변에도 대학원에 다니거나 전문 연구자로 잘 활동하면서도 항정신성 의약품을 복용하거나 정기적으로 상담을 받는 사람이 종종 있다. 겉으로는 문제가 없어 보이는데 공황장애를 앓거나 종종 폐소공포증을 느낀다고 해서 상담을 권한 적도 있다. 주변에서 이런 문제들을 보면서 '불안'에 대한 책을 써야겠다고 생각

---

*   신체형장애somatoform disorder는 특정 질환이 신체 부위의 통증, 마비, 구토 등의 신체 증상으로 나타나지만 주로 심리적 원인에 의해 촉발되는 병이다. 프로이트 시대에 히스테리로 불렸던 일종의 전환장애로 약물보다 심리치료가 더 효과적이다.

했다. 우리 주변에서 흔하게 볼 수 있고 포괄하는 범위가 가장 넓은 정신장애가 '불안장애'이기 때문이다. 불안장애란 "고통스러운 불안이 지속되며 그 불안을 감소시키기 위한 부적응 행동 또한 지속되는 상태"로 범불안장애, 공황장애, 공포증(광장공포증, 특정공포증), 강박증, 외상후스트레스장애 들을 포함한다.[*]

하지만 필자는 정신과 의사나 전문 상담가가 아니기에 불안장애가 아닌 '불안'을 말하려고 한다. 철학을 전공하는 연구자 관점에서, 그동안 출간된 불안에 관한 책을 살펴보고 우리가 잘 몰랐던 불안의 본질과 다양한 모습에 대해 생각해보면서 불안과 더불어 살아가는 방법을 찾으려고 한다. 직접 책을 쓰면서 체험한 긍정적 효과도 많았다. 나 역시 크고 작은 강박증 증세를 겪고 있고, 수면장애 때문에 가끔 수면제를 복용하기 때문이다. 이 책을 쓰면서 알지 못했던 자신의 모습도 들여다볼 수 있었고, 비슷한 여러 고통에 시달리는 사람들에게 권할 수 있는 인문학적 치유 방향에 대해서도 성찰할 수 있었다. 여기서 다루는 불안은 정신의학적 기준에서 보면 동의하기 어렵거나 순진해 보일 수 있다. 하지만 중요한 것은 불안에 대한 개념 정리가 아니라, 불안에 잡아먹히지 않고 그것을 잘 활

---

[*]   데이비스 G. 마이어스, 《마이어스의 심리학 탐구》, 458쪽.

용하는 지혜를 얻는 것이다. 물론 그리 쉬운 과제는 아니지만….

불안은 국립국어원 표준국어대사전에 "마음이 편하지 아니하고 조마조마함"이라고 정의되어 있다. 불안을 생각하면 대체로 불편함이나 고통이 먼저 떠오른다. 하지만 필자는 늘 우리 곁에 불안이 있기 때문에 훨씬 일상적인 지평에서 불안을 보고자 한다. 나아가 우리가 겪는 불안이 나와 나의 잘못된 관계에서 비롯되고, 그것은 결국 우리를 고통스럽게 하는 소외된 욕망으로 이끈다는 점을 강조하고자 한다.

불안이 포괄할 수 있는 증상은 다음과 같다. 화병 비슷한 압박감, 벗어나기 힘든 스트레스, 공황장애에 포함될 수 있는 발작과 초조, 안절부절못하는 심리 상태, 무기력과 우울을 동반하는 번아웃burnout 증상 들이다. 하지만 이외에도 반복되는 꿈이나 행동, 의욕 저하, 기억력 약화, 집중력 감퇴, 개인의 신체적·정신적 상태에 영향을 미치는 '악몽 같은' 정서를 포함해서 이해해야 한다. 한편 불안은 중요한 역할도 한다. 프로이트에 따르면 불안이란 내적 긴장의 표현이자 위험에 대한 신호*다. 라캉은 불안은

---

*　　Freud, S., 《Inhibitions, Symptoms and Anxiety》, p. 125.

속이지 않는 유일한 정동affect이라고 했다.* 비슷해 보이지만 정동, 정서, 경험은 조금씩 다른데, 주관적으로 경험하는 것이 감정이라면, 외부에서 관찰 가능하고 타인이 알 수 있는 것이 정서다. 반면 정동은 감정과 정서를 모두 포괄하면서 신체와 무의식까지 아우르는 상태다.**

불안은 고통스럽고 불쾌하지만, 피할 수 없는 것이다. 우리의 삶에는 불안이 공기처럼 스며 있기 때문에 불안을 원천적으로 제거할 수는 없다. 불안은 인간이 관계적 존재라는 것을 보여주는 징표이기도 하다. 인간은 자신은 물론 타자, 세계와 끊임없이 관계를 맺고 영향을 주고받으며 사는 존재다. 그 관계 맺음 속에서 느끼는 감정이 바로 불안이다. 그러므로 불안의 긍정성을 염두에 두면서 불안에 대처해야 하는데, '3장 불안과 우울', '5장 치료에 대하여'에서 이 내용을 다룰 것이다.

나의 꿈 이야기

불안의 일상적 경험에 대한 이해를 돕기 위해 먼저

---

*   Lacan, J., 《Le Séminaire X, L'angoisse》, p. 92.

**   미국정신분석학회, 《정신분석용어사전》, '정동' 편 참조. 개념 정리를 위해 정신분석 관련 용어는 이 책과 딜런 에반스, 《라깡 정신분석 사전》을 많이 참조했다.

내 꿈 이야기를 하려고 한다. 필자는 기억에 남을 만큼 강렬한 꿈을 자주 꾸는 편이 아니다. 프로이트의 《꿈의 해석》을 읽고 공부를 많이 했지만, 실제 꿈을 분석해본 적은 없었다. 그러다가 몇 년 전 꿈 분석 모임에 2년 정도 다닌 적이 있다. 모임 구성원은 상담이나 교육 관련 종사자가 많았고, 한 주에 한 번 정기 모임을 가졌다. 모임에서는 꿈 선생님(프로이트 정신분석가)이 꿈에 관한 강의를 하고, 각자의 꿈 이야기를 놓고 일종의 집단 분석을 했다. 꿈 수업 과제 때문인지 당시 직장에서 느끼는 스트레스 때문이었는지 몰라도 공교롭게 1년 이상 반복해서 꾸는 꿈이 있었다.

나는 아주 높은 산봉우리 정상에 서 있다. 가끔 이곳이 절벽이기도 하다. 하산해야 한다고 생각하면서 절벽을 조심조심 내려가는데 고소공포증이 있어서 무척 무섭다. 속으로 어쩌다 이 높은 곳에 올라왔을까 의아해하면서도 떨어질까 봐 두려워한다. 그런데 길은 늘 중간쯤에서 갑자기 끊긴다. 다음 연결된 곳에 도달하려면 액션 배우처럼 펄쩍 뛰어야 하는데 도저히 그럴 수 없다. 다시 정상으로 올라가지도 내려가지도 못하고 전전긍긍하다 꿈에서 깬다.

꿈의 장소나 장면은 매번 조금씩 바뀌지만 떨어질까

봐 두렵고 조마조마한 감정은 늘 생생하게 기억났다. 이 꿈을 소개하고 질의응답식으로 이뤄지는 꿈 분석을 받았는데, 단서들을 풀어가면서 이 꿈이 평소 나도 모르게 느끼는 불안과 돌아가신 아버지에 대한 죄책감이 섞인 감정에 의한 것임을 알게 되었다. 꿈 분석 전에는 이런 생각을 하지 못하고 오히려 꿈을 외면했는데, 이 꿈이야말로 무의식이 나에게 보낸 메시지였다. 아주 건강하셨던 아버지는 내가 유학 시절 63세에 뇌출혈로 갑자기 돌아가셨다. 허겁지겁 연락을 받고 한국에 와 아버지를 뵈었을 때는 이미 뇌사 상태셨다. 거동도 못 하고 누워 계신 아버지를 보는 심정이 참 복잡했다. 장남임에도 공부한다고 경제적 자립도 제대로 하지 못한 내게 아버지는 큰 후원자이자 든든한 뒷배였지만, 여러 이유로 나는 아버지와 다정하게 이야기를 나눈 적 없이 무덤덤하게 지냈다. 조금 소심한 나나 무뚝뚝한 아버지의 성격 탓도 있었을 것이고, 결혼 후에도 유학 핑계로 원조를 받던 내 처지에 대한 심리적 자책과 면구함도 있었다. 정작 아버지가 갑자기 돌아가시자 거의 1년을 꿈에서 만났는데, 늘 말이 없으셨다. 난 아버지의 말 한마디라도 듣고 싶었지만, 침묵 또 침묵….

　꿈 선생님은 내가 높은 절벽에 서 있는 것이 아버지를 극복하려는 심리적 콤플렉스의 반영이자 현 상황이라고 해석했다. 그 말을 듣자 아버지와 얽혀 있던 여러 감정과 미안함이 갑자기 살아났고 꿈의 여운이 진하게 다가왔다. 이 꿈은 명백히 불안을 표현해주는 것이지만, 파괴적으로 작용하기보다는 돌아가신 아버지의 자리에 점점 다가가고 있는 자신의 모습을 보여주는 이중 감정을 드러낸다. 그러고 보면 아버지가 살아 계셨다면 내가 잘 모시면서 아들로서 빚도 갚고, 아버지 자랑도 되었을 텐데 하는 마음이 많았던 것 같다. 신기하게도 꿈의 의미를 함께 분석하고 나자 그 꿈을 꾸지 않게 되었다.

　사적 역사가 담긴 꿈 이야기를 한 것은, 나의 경우 불안이 아버지에 대한 내 무의식적 죄책감, 정서, 평소 다정하게 이야기를 나누고 잘해드리지 못한 상황에 대한 후회이자 이를 정화하는 계기로 작용했다는 것을 말하고 싶어서였다. 이 경우 반복되는 꿈은 불안 증상이지만 일종의 메시지로 의미가 크다. 꿈 분석을 통해 무의식을 들여다보고 '나'와 '나'의 관계를 정립하지 못했다면 아마 지금도 비슷한 꿈을 꾸고 있지 않을까.

　반복되는 꿈에는 반드시 불안이 스며 있다. 겉으로 드러난 꿈은 고소공포증이나 압박에 의한 것처럼 보이지만, 실은 아버지가 돌아가신 지 거의 15년이 지난 시기까지 미완이었던 애도라는 과제를 상기시켰던 것이다. 최근에는 또 다른 꿈을 꾸고 난 후 그 꿈의 의미를 꿈 일기에 기록하고 자기 분석을 하면서 잠시 잊고 있던 내 모습을 살펴보려 하고 있다. 내가 5장에서 말하는 개별 주체 중심 치료의 방향은 이런 것이다. 객관적 증상이 아니라 자기 내면을 살피면서 불안을 주체적으로 마주하고 이를 정체성에서 긍정적으로 활용하는 것이 중요하다.

불안의 사회적 치유를 위하여

이 책은 총 6장으로 구성했다. 먼저 2016년과 2021년에 보건복지부가 발표한 정신질환에 관한 통계 자료를 중심으로 우리나라 사람들이 겪는 정신장애 현황을 살펴보면서 정신장애를 어떻게 이해해야 할까에 대해 큰 그림을 그렸다. DSM*에서 사용하는 정신장애mental disorder라는 말 자체가 부적응이나 이상행동(일탈이나 도착)을 강조하지만 본인도 잘 모를 수 있는 주관적 고통이 더 중요하다는 점 또한 강조한다. 물론 심리적·신체적 고통이 심하면 약물의 도움도 받아야 하지만 증상을 진단 가능한 실체적 병이 아니라 억압된 마음을 표현하는 몸부림이자 목소

---

* Diagnostic and Statistical Manual of Mental Disorder(정신질환의 진단 및 통계 편람)의 약자로 미국정신의학협회에서 발행하는 정신질환 진단의 기준을 제시하는 책자다. DSM은 총 다섯 번 크게 개정되었는데 개정될 때마다 새로운 정신질환이 추가되거나 삭제되고 분류기준도 바뀌고 있다.

리로 해석하면서 주체적으로 대응하는 것이 중요하다. 마치 꿈을 통해 숨겨진 불안의 의미를 찾으면서 억압되었던 정동 속에서 내 무의식과 욕망의 현주소를 돌아본 것과 같은 태도가 중요했던 것처럼.

정신장애가 무의식의 목소리라는 점을 받아들인다면 정신질환, 정신장애, 이상심리라는 용어에 매달리는 진단법보다는 증상을 개인 고유성의 표현이자 일종의 정체성으로 이해할 수 있다. 예를 들어 불안장애의 대표 격인 강박은 완벽주의 성향이나 책임감으로 개인의 성격과 자아에 반영되기도 한다. 필자는 이 예로 영화 〈사도〉에서도 묘사된 영조 에피소드를 통해 정상과 비정상의 경직된 잣대는 잘못되었고, 증상은 개인의 역사 속에서 형성된 것이기에 완전한 제거가 불가능함을 강조한다.

이렇게 정신장애를 이해한 후 불안 개념의 철학적 의미를 본격적으로 살펴봐야 한다. 철학, 특히 실존주의자들은 불안이 병이 아니고 자연스러운 정동이자 인간다움과 관계된다고 생각한다. 불안은 우울과 공격성처럼 부정적으로 표출되기도 하지만 그에 못지않게 긍정적 측면이 많다. 인간은 동물도 신도 아닌 중간적 존재이자 유한성과 무한성의 양극을 종합해야 하는 독특한 존재이기에 불안을 원죄처럼 안고 산다. 그러나 불안은 자칫 우리를 우울의 늪이나 좌절감, 공격적 충동에 빠뜨릴 수 있다. 그러므로 불안의 본질을 잘 이해하면서 그 긍정성을 살리려는 시도가 중요하다.

　개인이 경험하는 불안이나 여러 형태의 정신적 문제는 결국 사회구조와 연관되고, 그 사회에서 사는 집단의 심리 반영으로 이해해야 한다. 주체의 욕망을 지탱해주는 환상이 붕괴된 냉혹한 현실은 극단적 형태로 불안이 폭발하게 만든다. 요즘 세계인의 인기를 끄는 K-드라마는 과거 헬조선이라는 말이 함축하던 억압적이고 불평등한 사회구조가 드라마의 플롯에 반영되어 공명을 일으킨 결과라 할 수 있다. 한국은 다른 어느 나라보다 경쟁이 치열하고 타인의 시선에 집착하기 때문에 개인이 자기 욕망에 따라 살기보다 스스로를 불안의 늪에 빠뜨리는 과도한 신경증 사회다. 한마디로 개인이 만성적인 자기 착취에 시달리며 고갈되는 사회다. 결국 개인 치유에 매달리기보다 공동체 관계와 인간 상호작용의 양상을 변화시키려는 노력이 더 중요함을 알 수 있다.

　그러므로 증상 완화에 치중하고 약물이나 생리적 처방을 주로 사용하는 의학적 관점보다는 삶의 의미를 찾고 증상 속에서 자신을 발견할 수 있도록 돕는 인문학적 치료가 더 필요하다고 할 수 있다. 필자는 자아실현을 강조하는 자아심리학이나 긍정심리학이 아니라 증상에 대한 주체적 태도와 공동체적 관계 맺기를 정신분석학적 관점에서 강조하고자 한다. 최근 조금 뜸하지만 여전히 한국에서 많이 강조되는 화두가 '힐링'과 '치유'다. 그런데 이런 풍토가 무한한 자기계발과 인정을 부추기는 긍정심리학과 결합하면서 마치 모든 것을 개인이 해결할 수 있고 책임도 개인에게 있는 것처럼 호도되기도 한다. 바람직한 태도는 삶에서 자기 욕망을 발견하고 충실하면서도, 공동의 선을 위해 연대하는 욕망의 공동체를 만들어 나가는 상생 치료 방향이다.

그렇다면 상생 치료는 어떻게 구체화할 수 있을까? 개인 측면에서는 불안이나 우울을 치료하기 위해 자존감이나 행복을 강조하기보다 자기 욕망의 주인이 되어, 불안을 에너지로 활용하는 것이 필요하다. 그런데 불안을 에너지로 삼으려면 대상이나 소외된 욕망에 대해 애도를 해야 한다. 애도를 하려면 사회적 노력도 중요한데, 무조건적 공감을 강조하기보다 타인에 대한 인정에 기초한 연대의 실현이 중요하다. 개인의 행복과 완전한 치유는 건강한 공동체적 관계 속에서만 가능하다. 불안의 사회적 치유 필요성을 강조한 것이 이 책의 특징이다.

（1）

불안은 병이 아니다

멘탈이 무너지고 있다?

외상후스트레스장애PTSD, 조현병schizophrenia, 편집증paranoia, 조울병manic-depressive psychosis 같은 용어가 특수한 상황에 대한 설명이거나 특정 기질의 사람들에만 해당하는 문제라고 생각하던 시절이 있었다. 먼 옛날이 아니라 불과 40여 년 전만 해도 건강한 사람이 정신 문제로 고통을 겪거나 갑자기 우울증으로 자살하는 경우는 드물다 못해 때로는 낭만으로까지 여겨졌다. 천재적인 예술가들은 으레 우울이나 불안 기질을 타고나고, 보통 사람은 정신장애와 거리가 멀다는 인식이 일반적이었다. 정신병이나 정신질환은 영화나 소설에나 등장하는 예외적 사례이거나 심약한 사람들 문제라고 생각하면서 광인은 희화화되었고, 그들을 사회에서 격리하면 그만이라고 여겼다. 1977년에 개봉한 영화 〈뻐꾸기 둥지 위로 날아간 새〉에 나오는 정신병원 환자들을 보면 외모부터 행동까지 어딘가 부족하거나 괴짜처럼 보이는 평범하지 않은 사람들이다. 이 사람들은 날마다 강제로 약을 먹어야 하고, 조금이라도 반항하는 태도를 보이면 가혹한 대우를 받거나 심지어 강제로 뇌수술을 당하는 식으로 묘사된다. 이는 정신질환자는 대체로 이런 소수자들이고 남과 다른 기질 문제가 있으리라는 편견이 강했음을 보여준다.

하지만 최근 정신장애나 심리 질환은 우리 일상으로

아주 깊숙이 들어와 있으며, 누구나 경험하고 흔히 볼 수 있는 현상이 되었다. 광장공포증, 공황장애, 강박장애, 우울장애 등을 호소하는 사람을 많이 보며, 예전과 달리 대학에서도 정신건강 문제로 상담 센터를 찾는 학생이 드물지 않다. '불닭 트라우마', '시험 트라우마'처럼 정신장애나 심리질환과 관련된 용어가 일상적인 말로 쓰이기도 한다. 예전과 달리 주의력결핍장애 아동은 왜 그렇게 많아졌을까? 인터넷에 '정신장애'나 '심리상담'을 검색하면 수없이 많은 사이트와 글이 올라온다. 또 정신장애 때문에 범죄를 저지르고 이웃과 갈등을 빚거나* 멀쩡해 보이던 사람이 갑자기 자살하는 경우도 보도된다. 이런 추세에 맞춰 상담과 치료 센터 광고가 증가하고 학회에서도 상담 사례가 소개되기도 한다.

요즘은 코로나로 인해 사회 활동이 억제되고 자가격리를 하거나 모임을 자제하며 집에서 머무는 사람이 늘면서 '코로나 블루'라는 신조어도 신문 지면에 오르내린다. 끝을 알 수 없는 전염병 터널에서 불안과 무기력증, 울

---

*   2022년 3월 강원도 강릉과 동해안에서 발생한 산불은 평소 주민들이 자기를 무시한다고 피해의식과 불만을 가졌던 60대 주민이 방화한 것으로 밝혀졌다. 2003년 2월 13일 대구 지하철 방화 사건과 비슷하다. 물론 정신장애자가 곧 범죄인은 아니지만, 최근에 정신질환과 직간접적 연관성을 갖는 범죄가 늘고 있다.

분을 호소하는 이들이 늘고 있다. 텔레비전이나 인터넷에서는 여러 심리 문제를 상담해주고 아동의 성격이나 부적응 문제를 해결해주는 프로그램도 인기다. 여러 사례를 듣고 정신과 의사들이 위로를 건네거나 때로 사제처럼 해결책을 내려준다. 곳곳에서 멘탈이 무너지고 정신적 고통이 극심하다고 호소한다. 이러다 보니 정신질환이나 정신건강 해결이 시급한 국가 과제가 되었다. 실제 많은 사람이 크든 작든 정신적 고통으로 괴로워한다. 우리나라에서는 2001년 정신보건법이 개정되면서 5년 간격으로 전 국민의 정신장애 현황을 조사해서 발표한다. 각종 정신질환 비율이 일정 수준을 유지하고 정신건강 문제로 전문가와 상담하는 비율도 꾸준히 증가하는 추세였으나 2021년 조사에서는 조금 감소했다. 2021년 보건복지부가 발표한 〈정신건강실태 조사〉 보고서를 보면 심각한 상황이다. 비교를 위해 보건복지부가 2016년에 발표한 〈정신질환실태 조사〉를 함께 제시했다.

2016년 정신질환실태 조사		2021년 정신건강실태 조사	
정신장애 평생 유병률			
모든 정신장애	25.4%	모든 정신장애	27.8% (+2.4%)
알코올 사용장애	12.2%	알코올 사용장애	11.6% (-0.6%)
불안장애	9.3%	불안장애	9.3%
니코틴 사용장애	6.0%	니코틴 사용장애	9.5% (+3.5%)

기분장애	5.3%	우울장애	7.7%
조현병·스펙트럼 장애	0.5%	(조사 항목 제외)	제외 사유: 상대표준편차가 큼.
약물 사용장애	0.2%	(조사 항목 제외)	

정신장애 1년 유병률

모든 정신질환	11.9%	모든 정신장애	8.5% (-3.4%)
알코올 사용장애	3.5%	알코올 사용장애	2.6% (-0.9%)
불안장애	5.7%	불안장애	3.1% (-2.6%)
니코틴 사용장애	2.5%	니코틴 사용장애	2.7% (+0.2%)
기분장애	1.9%	우울장애	1.7%
조현병·스펙트럼 장애	0.2%	(조사 항목 제외)	제외 사유: 상대표준편차가 큼.
약물사용장애	-	(조사 항목 제외)	

연도별 정신건강서비스 이용률 (정신장애 진단자 대상)

| 16.5% | | 11.5% (-4.9%) | |

자살 관련 행동 평생 경험 비율

자살 생각	15.4%	자살 사고	10.7% (-4.7%)
자살 계획	3.0%	자살 계획	2.5% (-0.5%)
자살 시도	2.4%	자살 시도	1.7% (-0.7%)

*비고: 2021년 12월 27일 발표된 2021년 〈정신건강실태 조사〉 보고서를 보면 1년 유병률은 2021년 8.5%로, 2016년 11.9%에 비해 3.4% 감소했고, 불안장애도 약간 감소했는데 이것은 코로나 19 확산 때문에 외부 활동이 줄어들면서 특정 공포증이 감소한 데 따른 결과로 해석할 수 있다.

*출처: 보건복지부, 〈정신질환실태 조사〉(2016), 〈정신건강실태 조사〉(2021)

　　표에서 보듯 평생 한 번 이상 정신장애를 겪은 적이 있는 사람의 비율인 정신장애 평생 유병률이 2021년 기준 27.8%로 상당히 높다. 성인 4명 중 1명 이상이 정신건강에 문제가 있다고 느끼며 살고 있다. 통계에서 우울장애는 7.7%, 강박장애나 공포증을 포괄하는 불안장애는 9.3%로 중복 응답을 고려해도 열 명 중 한 명 이상이 불안이나 우울에 시달린다고 볼 수 있다. 보건복지부 통계에 따르면 정신질환 환자도 10년 사이 연평균 4.2%씩 꾸준히 증가해 2009년 206만 7,000명에서 2019년 311만 6,000명으로 늘어났다.[*] 자살에 관한 통계도 심각하다. 자살을 생각해본 비율은 2016년보다 줄어들었으나 여전히 10.7%에 달하고, 자살을 계획한 사람은 2.5%, 시도한 비율도 1.7%나 된다. 이런 통계와 보고서를 보면 대한민국이 온통 아프고 병들어 있다.

대한민국뿐 아니라 세계적 추세도 비슷하다. 미국만 하더라도 다섯 명 중 한 명은 어떤 형태의 정신장애를 앓고 있다고 한다.[**] 물질문명이 발달하고 전쟁이나 전염병 등으로 인한 죽음의 위험이 줄어들어 비교적 평화로워진 오늘날, 정신적 고통은 줄어든 것이 아니라 더 일상화되고 있다. 왜 이런 현상이 생길까? 물론 과거 사람들도 화병 같은 정신 문제를 겪었지만, 현대인처럼 일상적인 고통을 호

---

[*]   「정신질환 환자, 10년 사이에 105만 명 증가」-〈헬스코리아 뉴스〉, 2021년 10월 12일 게재 참조.

[**]   대니얼 L. 샥터 외, 《심리학 개론》 참조.

소하지는 않았으며 사회 문제로 대두되지도 않았다. 만연한 정신건강 문제가 통계에 따른 착시효과인지, 아니면 그동안 제대로 표현하지 못하다 정신건강 서비스가 대중화되면서 갑자기 많아진 것처럼 보이는지 아리송하다.

심리 문제의 의료화

먼저 정신의학과 심리학이 점점 영향력을 넓히면서 심리 문제의 의료화가 심화되는 현상을 유심히 보아야 한다. 신체 질환처럼 정신장애와 심리 문제도 점차 치료와 관리의 대상이 되고 있다. 하지만 심리 문제를 객관적 관찰과 원인 규명이 분명한 신체 질환처럼 하나의 실체로 취급하는 것은 문제다. 둘의 양상이 질적으로 다르기 때문이다. 예를 들어 폐암의 경우 특정 증상이나 상태를 암이라 진단할 수 있는 의학적 기준이 있고, 증상에 맞는 적절한 치료 방법이나 약물도 정해져 있다. 폐암에 걸리면 통증, 호흡곤란 같은 증상을 느낄 수 있고, CT나 MRI 촬영으로 문제를 일으키는 환부를 포착해 확인할 수 있다. 그리고 조직검사를 통해 이 부위가 악성종양(암)인지 양성종양인지 구분하고, 폐암으로 판명되면 다시 암세포 크기와 형태를 기준으로 소세포폐암이나 비소세포폐암으로 분류하고 현재 몇 기인지 판단한다. 특정한 증상은 폐암 유형을 판단하는 지표가 되고 질병과 연관성을 보여준다. 폐암은 폐기종, 폐결핵 등과는 명확히 다르며 같은 폐암이라도 차이를 구분할 수 있는 의학적 기준이 있다. 암 같은 신체 질환은 누가 진찰해도 결과가 비슷하고, 이를 치료하기 위한 의학적 방법도 정해져 있다.

그런데 심리·정신 문제는 사람마다 느끼는 정도나 반응이 다를 수밖에 없고, 일률적인 기준으로 측정하기 힘들다. 예를 들어 기분장애의 가장 큰 부분을 차지하는 주요 우울장애는 우울한 기분이나 무관심한 체념이 보통 2주 이상 지속되는 것이 특징이지만 사람에 따라 정도가 제각각이다. 우울증이라고 꼭 우울한 기분으로만 나타나지 않고 수면장애, 피로감 증대, 건망증, 산만함이 나타날 수 있다. 그런데도 정신장애라는 용어가 대중화된 데는 다양한 증세를 질병으로 묶어서 표준화하면서 치료하려는 《DSM-V》의 영향이 크다. 하지만 혈당 수치가 130 이상이면 당뇨로 진단하는 것처럼 누구에게나 적용할 수 있는 정신질환의 진단기준이 있는 것도 아니기에 특정 증상에 대한 분석과 처방도 당연히 다르기 마련이다. 더 중요한 점은 증상에 초점을 맞추면 원인이 되는 근본적인 갈등이나 심리 문제를 간과할 수 있다는 것이다. 정신 문제는 본인조차 모르는 무의식에서 기인할 수도 있기 때문이다.

그러므로 정신장애를 무조건 비정상적인 병리 현상

으로 보면 위험하다. 필자는 이 책에서 의학 모델을 주로 비판하겠지만, 신체 질병과 달리 정신질환과 정신장애, 특히 이 책의 주제인 불안은 의학적 진단이나 병리적 접근으로는 근본 문제를 해결할 수 없기 때문이다. 치료한다고 해도 증상을 없애거나 완화하는 것이지 새로운 삶의 의지나 가치관의 변화를 주지는 못한다. 1952년 처음 출판된 이래 DSM은 계속 개정되면서 그때마다 새로운 질환을 더하거나 삭제하면서 분류를 수정해나가고 있다. 예를 들어 우울증은 19세기엔 없었지만, 오늘날에는 가장 친숙한 정신장애가 되었다. 어디서 갑자기 우울증이 나타났을까? 정신병리를 연구한 프랑스 철학자 조르주 캉길렘Georges Canguilhem도 지적했듯이 정신의 질병은 사회·역사적으로 만들어지면서 계속 새롭게 규정되는 측면이 있다. 현대 정신의학 내에서도 정상과 비정상의 완전한 구분에 대해서는 비판의 소리가 높으며 다른 분야의 치료도 병행되는 추세다. 오늘날은 정신의학의 시대지만 상담심리는 물론 미술치료, 문학치료, 연극치료가 늘어나고 철학상담치료나 정신분석에 대한 요구도 사라지지 않는 것이 이를 반증한다. 의학만으로 인간의 정신 문제를 모두 설명해내고 치료하는 것에는 한계가 있다. 그러나 과도한 병리화에 대한 비판이 정당하다 할지라도 정신의학의 효과와 역할은 아주 중요하다는 사실을 인정해야 한다. 다만 정신질환, 특히 불안장애를 질병으로 실체화하여 무조건 의학적으로 다루려고 해서는 안 된다. 정신장애를 낳는 사회구조 및 조건과 그것이 우리 내면에 작용하여 일으키는 개인의 다양한 고통에 초점을 맞추면서 극복 방향을 찾아나가는 관점의 전환이 필요하다. 나는 이것을 정신 문제의 개별 주체적 관점이라고 부르고 싶다.

정신장애란 무엇일까?

앞서 보건복지부에서 발표한 통계 자료를 통해 우리나라 사람들의 정신건강 현황을 살펴보았는데 세계적 추세도 이와 비슷하다. 통계가 조금씩 다르긴 하지만 세계 인구에 대한 정신질환 관련 연구들을 살펴보면 세계 인구의 약 30%는 일생에 한 번 이상 정신질환을 경험한다고 한다. 여기에는 환각과 환청이 동반되고 인지 능력이 붕괴되는 조현병은 물론 기분장애나 불안장애 같은 흔한 정신질환도 포함된다. 하지만 위에서 언급한 것처럼 이런 통계 자체가 우리 삶의 모습이나 지금 느끼는 심리상태를 그대로 보여주지는 않는다.

정신질환 통계나 정신장애 역학조사는 이미 정신 문제나 건강을 일반 의학 모델과 마찬가지로 장애disorder나 질환disease으로 실체화하여 통계화한다. 다시 말해 정상과 비정상의 구분을 전제하고 과학적 치료라는 명목 아래 생리학적·심리학적 기능 이상에서 원인을 찾아 정신 문제를 임상치료를 통해 해결할 수 있다는 낙관적 시각이 전제되어 있다. 심리학 용어를 보면 장애는 주관적인 괴로움이나 심리적·신체적 기능 저하를 수반하는 인지 가능한 일군의 증상이나 행태를 말하고, 질병은 좀 더 병리 상태를 명확하게 규정할 수 있는 질환으로 정의한다. 하지만 미국정신의학협회APA, American Psychiatric Association에서 발행하는 DSM은 장애나 질환의 구별을 시도하면서도 사실상 이를 같은 것으로 취급한다.

> 정신장애는 정신 기능의 기초를 이루는 심리학적, 생물학적, 혹은 발달 과정에서 **기능 이상**을 반영하는 개인의 인지, 정서조절, 또는 행동에서 임상적으로 유의미한 장애라는 특징을 가진 증후군이다. (…) 정신질환의 진단은 **임상적 유용성**을 가져야 한다.[*]

임상적 유용성이란 진단기준의 객관성, 범주 구분과 분류의 적절성, 치료 전망에서 의학 이론과 치료 효과를 전제한다는 것이다. 비정상 심리상태나 정신장애를 당

---

[*]   APA, 《DSM-V》, 21쪽. 강조는 필자.

뇌병 같은 신체 질환처럼 생물학적 원인에서 기인한 질환 혹은 발달이나 성장 과정에서 발생하는 손상이나 이상으로 이해하고 있다. 이상이나 손상의 결과로 인지 능력이 떨어지고, 환각, 환청, 망상적 사고를 하거나 과격한 폭력성, 정서적 분출, 사회적 부적응이 발생한다고 본다. 2010년 LG경제연구원에서 발표한 보고서 〈정신건강, 이제 사회적 관심 높일 때〉를 보면 정신건강과 직결되어 발생하는 문제로 자살, 폭력, 중독을 열거하고 있다. 물론 이런 증상들은 정신건강이나 마음 상태와 연결되어 있지만, 이를 무조건 정신장애의 문제로 단정하는 것은 다른 문제다. 특별한 정신장애가 없어도 얼마든지 자살, 폭력, 중독 같은 행동이 나타날 수 있기 때문이다. 의학적 관점의 문제는 정신 문제를 지나치게 병리적으로 단정하는 것이다. 물론 정신의학 내에서 정상과 비정상의 구분에 대한 논쟁, 질환이나 장애라는 관점이 암시하는 사회적 낙인찍기 같은 부작용을 고려해 《DSM-Ⅴ》에서는 질환illness이나 질병이라는 말보다 증후군syndrome을 많이 사용하기는 한다. 하지만 심리·정신 문제를 일종의 이상성abnormality으로 규정하고 임상 관점으로 보는 것은 어쩔 수 없다.

우리나라 보건복지부가 시행하는 정신질환에 관한 실태 조사는 기본적으로 DSM에 근거해 증상을 확인하고 구분할 수 있는 진단지를 만들고, 이를 바탕으로 조사·분석을 실시하여 통계를 내는 방식을 사용한다. 예를 들어 기분장애의 가장 대표 질환으로 분류되는 주요우울장애에 대한 기준을 살펴보자. 《DSM-V》에서는 주요우울장애의 진단기준을 다음과 같이 제시한다. 우울장애 진단의 핵심은 다음 증상 가운데 5가지 이상의 증상이 2주 연속으로 지속되는 경우다.

1. 하루 중 대부분 그리고 거의 매일 지속되는 우울 기분에 대해 주관적으로 보고(예, 슬픔, 공허감 또는 절망감)하거나 객관적으로 관찰됨(예, 눈물 흘림)

2. 거의 매일, 하루 중 대부분, 거의 또는 모든 일상 활동에 대한 흥미나 즐거움이 뚜렷하게 저하됨

3. 체중 조절을 하고 있지 않은 상태에서 의미 있는 체중의 감소나 체중의 증가, 거의 매일 나타나는 식욕의 감소나 증가가 있음

4. 거의 매일 나타나는 불면이나 과다수면

5. 거의 매일 나타나는 정신운동 초조나 지연(객관적으로 관찰 가능함)

6. 거의 매일 나타나는 피로나 활력의 상실

7. 거의 매일 무가치감 또는 과도하거나 부적절한 죄책감을 느낌

8. 거의 매일 나타나는 사고력이나 집중력의 감소 또는

우유부단함

9. 반복적인 죽음에 대한 생각, 구체적인 계획 없이 반복되는 자살 사고, 또는 자살 시도나 자살 수행에 대한 구체적인 계획*

병원에서 의사가 진료 전 문진을 하듯 심리상담소나 정신과 진료를 받으면 이런 인터뷰를 거쳐 일차 진단을 한다. 그리고 스트레스가 일으키는 일시적 반응이 아니라 중증 상태인 경우, 증상의 정도와 지속 시간을 기반으로 우울증을 진단한다. 우울증이란 일상적으로 느끼는 우울함이나 침울한 상태가 아니라 견디기 힘든 절망감이나 괴로움이 일정 기간 이상 지속되는 현상이기 때문이다. 신체 증상이 너무 심하거나 만성적인 우울 증상이 지속되면 약물치료를 권한다.

이러한 정신장애에 대한 의학적 진단이나 치료는 분명 증상치료에서 유용하지만, 문제를 너무 현상적으로 다루면서 실체화하는 문제가 있다. 증상의 밑에 깔린 심리적 갈등 자체를 의학적으로 객관화해서 제시하는 게 쉽지 않기 때문이다. 그렇기 때문에 이런 증상을 일으키는 원인을 개인 삶의 역사와 관련해 깊게 규명하는 정신분석이나 상

*   APA, 《DSM-V》, 169쪽.

담이 반드시 필요하다. 개인의 역사와 연관해 심리 문제의 특수성을 파악해야 한다. 또 정상과 비정상을 너무 엄밀하게 나누지 말고, 우리가 경험하는 다양한 정서적 반응과 상태를 내 삶의 일부로 인식하고 받아들이는 태도가 중요하다. 심각한 우울증까지는 아니더라도 위에서 말하는 반응이 이른바 정상인 사람에게도 부분적, 간헐적으로 나타나면서 자신을 힘들게 할 수도 있기 때문이다. 프로이트는 일찍이 "모든 사람이 신경증 환자"라고 말하기도 했다.

신체 질병처럼 정신 문제를 범주화하다 보면 자칫 개개인의 특수성이나 사회관계적 맥락을 소홀히 할 수 있으며, 정신장애를 지닌 인간은 비정상이고 치료를 통해 바로잡아야 한다는 편견을 조장할 수 있다. 그래서 우리는 정신 문제를 다룰 때 이런 의학 모델이나 시선이 전제하는 병리 관점을 경계하면서 치료가 아니라 우리 내면의 회복과 건강한 주체 정립을 목표로 해야 한다. 중증 정신병이나 중독 같은 경우 의학 모델에 따른 진단과 의학적 치료가 필요하지만, 이것을 너무 일반화해서는 안 된다. 정신문제의 본질을 개인 삶에 초점을 맞춰 이해하면서 삶의 과정에서 능동적으로 증상에 대처해야 한다. 정신장애에 대한 실존적 접근과 철학적 이해가 필요하다.

주관적 고통이 척도

의학 모델의 효용성에도 불구하고 여러 분야에서 이에 대한 비판이 제기된다. 심리 문제를 정상과 비정상으로 구분하는 의학 모델에서는 치료의 성과도 객관적으로 증명하려고 한다. 그러나 증상이 제거되었다고 모든 것이 이전 상태로 돌아가는 것은 아니다. 또 정신장애는 불변하는 게 아니며, 시대와 사회가 특정한 증상을 질환이나 일탈로 단정하는 때도 많다. '불안장애'가 대표적인데 이것은 시간이 지나면서 설명 항목이 계속 늘고 있다. 불안에 대한 규정과 인식이 조금씩 달라지면서 확장되기 때문이다. 불안장애와 불안증·우울증의 상관관계에 대한 논의도 치열하다. 우울증이라고 해서 늘 우울한 기분에 사로잡히지는 않으며, 때로는 우리가 전혀 상상하지도 못한 의외의 증상으로 나타날 수도 있다.

일례로 만약 다음과 같은 경우는 어떻게 볼 것인가?

외출에서 돌아오자마자 손과 발을 닳도록 씻으며 침구나 가구가 조금이라도 비뚤어지거나 더러우면 이를 바로잡기 전까지는 아무것도 할 수 없다. 누군가 찾아오면 그 사람이 앉은 자리를 계속 소독해야 하고, 손님과 이야기를 나누다가도 손님이 소지품을 아무 데나 놓으면 안절부절못한다.

날마다 청소를 해야 하고 집 안의 모든 물건은 반듯하게 정돈되어야 하며, 휴지나 비누가 자신이 정한 개수보다 적으면 당장 여유분이 있어도 사다 채워야 직성이 풀린다. 사물함의 물건은 늘 정리되어 있어야 한다. 집 안이 깨끗하지 않으면 일을 할 수 없다.

낯선 장소에 가면 화장실을 사용하지 못해 괴롭고, 이 때문에 불안이 심해서 아예 여행을 포기하거나 이동식 비데를 가지고 다녀야 하며, 화장실을 절대 남과 같이 쓰지 못한다.

약속이 생기면 반드시 10분 전에 약속 장소에 나가야 하고, 약속한 사람이 늦으면 불가피한 사정이 있다고 해도 화가 난다.

위 내용은 다 임의의 것으로 약간의 과장이 있지만 실제로 주변에서 비슷한 사례를 볼 수 있다. 이 사례를 보면 명백하게 정신장애로 규정할 수 있는 상태로 볼 수도 있지만, 경계가 모호하여 정신질환으로 단정하기엔 지나치다고 볼 수도 있다. 하지만 청결과 정리정돈에 대한 지나친 관념(온종일 청소하는), 즉 조금이라도 어질러져 있으면 참지 못하는 행동은 본인도 피곤하게 하지만, 같이 있는 사람도 견디기 쉽지 않을 것이다. 그렇다고 내가 사랑하는 가족이 이런 행동을 할 때 무조건 강박장애자로 단정하여 치료를 강권할 수 있을까?

특정 관념에 사로잡혀 있거나 지나친 행동을 하는 사람을 볼 때 우리는 비정상이라고 규정하지는 못해도 마음 상태나 심리가 썩 건강하지는 않다고 판단할 것이다. 병리적 차원은 아니더라도 이상한abnormal 상태라고 생각할 텐데 정신건강 문제가 부딪치는 지점이 여기다. 지나치게 의학적 시선으로 질병이라고 단정해서도 안 되지만 그렇다고 단순한 개인차라고 무시하기도 어렵다.

심리학에서는 보통 일탈, 부적응 행동, 고통이라는 세 가지 기준으로 이상심리를 설명한다.* 일탈은 특정한 행동이나 욕망이 사회가 수용하는 기준에서 벗어날 때를 말한다. 예컨대 '도착증'과 '새디즘' 같은 것이 전형적 예다. 과도한 일탈은 범죄의 동기가 되거나 법적 처벌이나 사회적 제재 대상이 될 수 있다. 하지만 일탈은 그 자체로 악덕이라기보다는 역사적이고, 특정한 가치 판단이 개입되어 있다. 특정 시대나 사회에서는 일탈이지만 다른 시대나 사회에서는 그렇지 않은 경우가 허다하다. 부적응 행동은 사회관계나 특정 상황에서 어떤 결함이나 마찰을 일으

---

*   웨인 웨이튼·마거릿 A. 로이드, 《생활과 심리학》, 438쪽 참조.

킬 때를 기준으로 하여 일탈과는 다르지만, 사회적 동화가 어렵다는 점에서 문제를 발생시킨다. 마지막은 고통이다. 일탈이나 부적응 행동이 없더라도 불면증, 지나친 근심 같은 개인이 감당하기 힘든 고통이 있으면 치료로 접근하는 개입이 필요하다.

일탈이나 부적응 행동은 나의 주관보다 사회의 평가가 준거가 된다. 과도한 스마트폰 사용이나 성중독처럼 본인에게 쾌락을 주고 아직 정신장애로 명확하게 규정하지는 않지만 사회적 시선이 썩 좋지 않은 것이 있다. 반면 개인의 고통은 다른 사람들이 전혀 모르거나 오해할 수도 있고, 심각하게 여기지 않을 수도 있다. 하지만 당사자에게는 그 어떤 물리적 고통보다 힘들 수 있고, 똑같은 상황이나 자극도 개인에 따라 고통의 정도나 반응이 제각각일 수 있다. 대중에게 웃음을 주고 늘 유쾌해 보이는 연예인들이 실은 엄청난 정신적 고통으로 괴로워하다 어느 날 그 무게를 견디지 못하고 자살하는 경우가 종종 신문에 보도된다. 우리는 그제야 죽은 사람이 얼마나 큰 정신적 고통, 스트레스, 불안에 시달렸을지 짐작하게 된다.

개인이 느끼는 고통은 무척 중요하다. 치료, 정신분석, 상담이 필요한 이유는 무엇보다 본인이 고통을 느끼기 때문이다. 그런데 신체장애와 달리 정신 문제는 쉽게 가시화되지 않고, 특정한 증상이나 지표로 환원되지 않는다.

몸이 아프면 혈액검사, 엑스레이, CT 등으로 신체 상태를 보여주는 지표인 혈압, 혈액, 체온 등을 살펴서 진찰한다. 자신의 상태를 말로 표현하지 못하는 어린아이도 얼마든지 증상을 기준으로 질병을 특정하고 진단할 수 있다.

그러나 정신장애는 이와 달리 진단 기기와 검사, 지표로 측정하기 어렵다. 최근 뇌과학과 신경생물학이 발달하면서 뇌의 특정한 부위나 해부학적 문제가 심리장애를 일으킬 수 있음이 속속 밝혀지고 있다. 특히 신경전달물질의 부족, 불균형, 교란은 조울증, 트라우마, 불안의 원인이 될 수 있음이 과학적으로 확인되고 있다. 그러나 정신장애를 일으키는 뇌의 특정 부분을 찾아냈다고 해서 당사자가 지금 무엇을 느끼고, 그것에 어떻게 반응하고 행동하는지 알아낼 수는 없다.[*]

고통의 강도나 이해, 당사자가 느끼는 생리적 감각을 표현하거나 이에 대처하는 방법은 의학의 진료 범위를 벗어난다. 때로는 정신장애의 원인은 물론, 심각성이나 상태를 전혀 모르고 괴로움을 당연하게 생각하면서 지나갈 수도 있다. 생리적·생물학적 원인이 있더라도 정신장애나 현재의 심리 상태는 본인이 느끼는 고통을 통해서만 의미가 생긴다. 우리가 정신장애를 실존, 즉 개별적이고 주관

[*]   앨런 호위츠, 《불안의 시대》, 19쪽 참조.

적 존재에 주목해서 정신장애를 이해할 필요성이 여기에
있다.

　이 책은 정신장애 전반을 다루는 것을 목표로 하지
않고, 내 실존의 고통이 가장 밀접하게 표현되고 체험되는
불안에 초점을 맞춰 문제를 더 깊이 파고들 것이다. 고통
의 근본 원인과 그것이 내 삶에 어떤 영향을 미치는지 잘
이해해야 주체적으로 대처하면서 내 삶을 실현할 수 있을
테니까.

②

정상과 비정상

정신장애의 등장

우리는 자연이나 사물에 특정한 명칭을 주거나 대립적 질서를 부여하면서 의미를 만드는 데 익숙하다. 어찌 보면 그것은 현대 철학자들이 비판하듯 이성의 본성이기도 하다. 낮과 밤, 백과 흑, 아름다움과 추함, 선과 악, 양과 음, 이성과 감성, 정신과 신체의 구분은 이와 관련된 이분법의 예다. 아프가니스탄처럼 특정 도덕적·종교적 가치의 관점이 강한 곳에서는 선과 악, 정상과 비정상 같은 우열 구분이 더 크게 작용한다. 그렇다면 정신 영역에서도 정상과 비정상 같은 이분법을 적용할 수 있을까? 정신의학에서는 '정상'을 "한 사람의 행동이나 성격적 특성이 전형적이거나 적절한 표준에서 벗어나지 않아서 받아들일 만한 수준"이라고 정의한다. 그런데 이 표준은 고정된 것이 아니라 계속 변한다. 표준이 변화함에 따라 무엇이 '정상'인지에 대한 사회적 평가와 태도도 바뀐다. 일례로 '동성애'는 오랫동안 정신장애나 일탈로 취급되었지만 1980년 《DSM-Ⅲ》에서 삭제되면서 정상의 하나로 인정되었다. 마찬가지로 우리가 아는 많은 정신장애, 주의력결핍장애나 우울증 같은 것이 어느 날 이를 장애로 규정하기 시작한 의학 담론 때문에 질병처럼 취급되었다고 보는 것이 타당하다.

아주 옛날부터 '광인', '광대', '바보', '귀신에 씐 자'라고 분류된 사람들은 늘 있었다. 그러나 이들을 따로 격리하거나 고쳐야 하는 대상으로 취급하지는 않았고, 공동체에서 함께 살게 하면서도 투명인간처럼 취급해왔다. 미셸 푸코가 《광기의 역사》에서 분석한 것처럼 대체로 17~18세기부터 '광인'들을 사회로부터 격리하고 특정한 장소에 수용하기 시작한다. 물론 에드워드 쇼터Edward Shorter가 지적했듯 광인을 부분적으로 수용하던 시설이 중세시대에도 있기는 했지만* 근대적 병원과 수용소가 생기고 광기와 이성의 구분이 학문적으로 정당화되는 이른바 '대감금의 시대'가 도래하면서 광기를 치유하는 정신의학적 담론이 감금 통치의 근거로 권위를 인정받을 수 있는 여건이 마련된다.

오늘날 우리는 여러 정신의학 용어에 익숙하지만 사실 '정신병', '이상심리', '정신질환' 등의 용어는 19세기 정신의학과 정신분석이 학문화되면서부터 통용되기 시작한다. 예를 들어 가장 흔한 장애의 하나인 '우울장애 depressive disorder'라는 명칭은 프로이트가 살았던 시대에는 없었다. 정신장애를 역사적 관점에서 고려해야 하는 것은 그 때문이다. 오늘날 정신의학에서 진단의 도구로 사용하는 DSM 시리즈도 증보 편찬되면서 그 용법이 계속 변하고 있지 않은가.

이 장에서는 정상과 비정상이라는 구분 틀을 은연중

---

* 에드워드 쇼터, 《정신의학의 역사》, 20쪽 참조.

에 전제할 수밖에 없는 정신의학 관점을 비판하면서 정신 문제를 왜 개별 인간 중심으로 봐야 하는지 논하고자 한다. 인지 저하나 손상을 보이는 섬망delirium과 같이 명백한 기질적 정신질환mental disease도 있지만 이를 일반화하여 정신질환이 온전한 실체로 존재하고, 이를 의학 수단으로 완벽히 치료할 수 있다는 관점은 다양한 문제를 초래하기 때문이다. 정신의학의 영향력이 갈수록 커지고 복잡해지는 현실에서 우리가 일상에서 경험하는 자연스러운 정신적 고통, 나이나 호르몬 변화로 생기는 기분 변화나 우울감 등을 정신장애로 단정하는 '진단 인플레이션'은 우리 자신의 내면 문제를 보지 못하게 할 수도 있다.

정신장애를 가리키는 용어는 다음과 같다. 미국정신의학협회가 발행하는 DSM에서는 정신장애, 세계보건기구WHO는 정신질환, 심리학에서는 이상심리abnormal mentality라는 용어를 주로 사용한다. 프로이트가 창시한 정신분석은 학파마다 차이는 있지만 장애라는 말 대신 심리적 고유성을 강조하면서 신경증, 도착증, 정신증을 인간의 세 가지 보편적 인격 구조로 전제한다. 정신 문제를 제대로 이해하려면 이렇게 학문 간 차이도 고려해야 한다.

정신장애, 정신질환, 이상심리 같은 구분보다는 장애나 질환을 치료 대상으로 보면서 어떤 정상 단계로 회복시키려는 시도에 주목해야 한다. 이는 '의학 모델'에 근거하는데, 의학 모델은 질환(장애) 혹은 이상이 존재한다는 전제하에 증상과 원인의 인과성을 고려하면서 심리 문제를 과학적 시각으로 대상화한다. 이것은 정신의학, 보건학, 통계학, 사회학 같은 인간에 관한 학문이 대거 발전하면서 실증주의 입장에 큰 영향을 받던 19세기 시대정신의 산물이다. 예컨대 역사학자 시어도어 젤딘Theodore Zeldin은 과학의 시대였던 19세기에 인간이라면 당연히 겪는 증상인 정신적 고통이 질병의 원인으로 바뀌었으며, 이제 사람들은 걱정스럽거나 기분이 심하게 침울할 때 의학적인 진단을 부여받게 되었다고 평한다.*

심리학과 정신의학이야말로 19세기를 대표하는 학문이다. 사람들이 경험하는 모든 종류의 심리 현상은 물론 정신 문제까지 과학적 시각에서 설명하면서 '신경증neurosis'이란 용어를 본격적으로 사용한 것도 19세기다. 신경증은 1769년 스코틀랜드 의사인 윌리엄 컬런William Cullen이 인성 문제를 일으키는 신경계통 질병을 정의하기 위해 처음 제안했다. 이후 1893년부터 프로이트가 유아기에서 비롯된 심리 갈등을 드러내는 징후를 명명하기 위해 신경증이라는 말을 사용하기 시작했다. 신경계통의 질병이라는 말

---

*   Shorter, E. 《From Paralysis to Fatigue: A History of Psychosomatic Illness in the Modern Era》, Free Press, 1993, Ch 10. 여기서는 앨런 호위츠, 앞의 책, 123쪽 참조.

이 함축하듯 프로이트도 처음에는 신경생리학 관점에서 히스테리를 연구하다가, 이러한 질병이 마음의 갈등 때문에 생긴다는 것을 발견하면서 심리학으로 돌아선다. 하지만 오늘날은 뇌과학의 발전으로 다시 정신장애에 대한 의학 모델의 설명이 가장 과학적(?)이라고 받아들이고 있다. 의학 모델은 심리나 마음은 특별한 정신 현상이 아니라 뇌의 작용이며, 성격, 능력, 정체성 같은 개인에 관한 거의 모든 것을 뇌과학이 설명할 수 있다고 본다. 《우리는 우리 뇌다》의 저자 디크 스왑의 관점은 이러한 입장을 매우 잘 보여준다.

그는 우리가 생각하고, 행하고, 방치하는 모든 것이 우리 뇌를 통해 일어난다고 말한다. 이 '환상적인 기계'인 뇌의 구조가 우리의 능력, 한계, 성격을 결정한다. 그러므로 우리는 곧 우리의 뇌이며, 뇌과학의 역할은 더는 뇌질환의 원인을 찾는 것에 국한되지 않는다. 나아가 뇌과학은 "어째서 우리는 어떠어떠한 특성을 가진 우리인가?"라는 물음에 대한 답을 찾는, 즉 나를 찾는 작업이라는 것이다.[*]

인간 행동과 심리의 모든 것을 정말 뇌가 결정하고 설명한다면 정신장애도 마찬가지로 뇌의 이상이며, 치료도 화학적·생물학적·외과적 개입의 형태로 이루어져야 할 것이다.

[*]   마르쿠스 가브리엘, 《나는 뇌가 아니다》, 48쪽 참조.

뇌 지도가 우리 마음을 설명할 수 있을까?

정말 뇌의 구조를 모두 밝히면 정신장애를 극복할 수 있을까? 의학 모델은 기본적으로 정신장애를 신경전달물질의 조절장애로 발생한 뇌의 질병이자 두뇌 구조와 기능의 문제로 보면서, 이런 이상 상태를 화학약물로 치료해야 한다고 주장한다.* 예를 들어 환각, 환청, 망상 증세를 보이는 조현병은 뇌의 도파민, 세로토닌, 글루타메이트 같은 신경전달물질의 분포와 조절이 잘 이루어지지 않을 때 생기는 병으로 본다. 생리학적 메커니즘에 기초한 해부학적 병소**의 발견이 중요하며 관찰과 기술이 가능한 여러 증상을 기초로 정신장애를 진단한다. 정신장애의 치료에서도 약물이나 수술 같은 외과적 개입을 강조한다. 의학 모델은 기본적으로 인간의 마음(의식)을 신경계에서 일어나는 일련의 정보처리 과정으로 보면서*** 신경과학의 해부학적 기능을 보여주는 뇌의 지형도가 정신의 본질을 그대로 보여준다는 뇌과학 이론을 계승한다.

최근 뇌과학에서는 첨단 기능성 자기공명장치fMRI,

---

*   Deacon. Brett J., 「The biomedical model of mental disorder: A critical analysis of its validity, utility, and effects on psychotherapy research」, 2013 참조.

**   병원균이 모여 있어 조직에 병적 변화를 일으키는 곳.

***   데이비드 버스, 《마음의 기원》, 541쪽 참조.

functional Magnetic Resonance Imaging를 통해 자극에 대한 뇌의 반응을 유형화하고 이를 통해 뇌의 '심층지형도'를 그리면서 우리 마음의 실체를 시각적으로 보여주려고 한다. 그러나 뇌의 해부학적 지형도가 마음은 아니다. 애초에 신경생리학으로 출발했던 프로이트는 초창기 연구에서 자신이 심리학으로 전향한 이유에 대해 다음과 같이 말한다.

정신 활동이 신체의 다른 어떤 기관보다 뇌의 기능과 밀접한 연관이 있다는 사실은 연구를 통해 밝혀진 부정할 수 없는 사실이다. 뇌의 각 부분이 각기 나름의 중요성을 지니고 있고, 또 그 부분들이 신체의 특정 부위나 특정의 정신 활동과 특수한 관계를 유지하고 있다는 사실이 밝혀지면서 우리의 지식이 한 단계 더 올라간 것도 부인할 수 없다. 그러나 이런 사실에서 출발하여 정신 과정이 일어나는 장소를 알아내려는 갖가지 시도, 말하자면 표상을 신경세포 속에 저장된 것으로 생각하고 자극(흥분)은 신경세포를 따라 움직이는 것으로 생각하려는 모든 노력은 완전히 실패로 끝나고 말았다.[*]

프로이트의 말처럼 의식 활동이나 정신 현상을 뇌의

---

[*] 지그문트 프로이트, 《정신분석학의 근본 개념》, 173쪽 참조.

해부학적 장소에 일치시켜서 분석하고, 정신장애나 이상 심리를 특정 부분의 기능 손상이나 생화학적 불균형 혹은 신경세포 이상으로 설명하는 것은 환원주의의 오류라고 비판할 수 있다. 정신분석학자 카렌 호나이Karen Horney가 말했듯 우리는 환자의 증상을 객관적으로 판단하기보다는 사회적 관계에서 우리가 보고 느끼는, 평가 가능한 성격이나 태도를 통해 인지한다. 인지장애나 언어결함이 아주 중증인 경우를 제외하고, 보통의 관계에서 정상과 비정상을 나누기는 쉽지 않다.

물론 영화 〈뷰티풀 마인드〉의 주인공이자 실존 인물인 수학자 존 내시John F. Nash처럼 기질적 조현병 환자도 있다. 노벨 경제학상 수상자이자 '내시균형'이라는 게임이론 개념을 만든 존 내시는 연구에 몰두하다 조현병이 발발해 자신이 감시당한다는 망상에 시달리고 환각과 환청을 겪다가 정신병원에 입원하여 치료를 받는다. 의학적 진단과 치료가 필요한 내시 같은 중증 조현병도 분명히 존재한다. 하지만 중요한 것은 인간의 정신장애가 복합적 요인을 가지며, 그것이 발현되는 양상이 개인마다 크게 다르다는 것이다. 겉으로 드러난 증상을 근거로 생물학적 인과성을 지나치게 강조하면 자칫 정신 문제를 오판할 수 있다. 마음은 컴퓨터처럼 작동하는 것이 아니기 때문이다.

이에 관한 아주 유명한 일화가 1973년 발표된 데이

비드 로젠한David Rosenhan의 '가짜 환자 실험'이다. 심리학자인 로젠한은 정신의학의 한계와 부정확성을 비판하기 위해 자신의 친구 7명과 함께 도발적 실험을 한다. 로젠한을 포함한 친구들은 미국 전역의 정신병원을 찾아가 거짓으로 증상을 이야기했다. 이 증상은 머릿속에서 '쿵!' 하는 소리가 계속 들린다는 것인데 로젠한과 친구들은 정신분열증과 조울병을 진단받아 입원한다. 이른바 정상적인 사람들이 가짜 환자 행세를 했지만 병원은 구별하지 못했고, 평균 19일을 입원할 수밖에 없었다. 로젠한은 「정신병원에서 제정신으로 지내기On being sane in insane places」라는 논문을 통해 자신의 도발적인 실험 결과를 발표했다. 정신의학 분야는 로젠한의 이 실험으로 엄청난 혼란과 충격에 빠졌다.

2013년 영국심리학회의 임상심리학 분회도 "정신질환이 생물의학적 요인 때문에 발생하기에 약물로 치유할 수 있다는 인식은 오류"라면서, 정신건강을 이해하고 설명하는 패러다임의 전환이 필요하다고 정신의학을 비판했다. 실제로 정신 문제를 일으키는 요인은 환경, 사회, 인간관계 등으로 다양하다. 사람의 정신 문제를 생물의학적 차원에서만 규명하면서 질환으로 단정하는 것은 자칫 수많은 사람을 환자로 만들 수 있는 위험이 있다. 이런 시각은 정신의학 내부에서도 제기된다.

국내에도 번역된 앨런 프랜시스Allen Frances의 《정신병을 만드는 사람들Saving Normal》은 정신의학계 내부의 회의적 시각을 잘 보여준다. 《DSM-V》의 편집인이기도 했던 프랜시스는 DSM이 개정되면서 수줍음, 나이가 들면 자연스레 찾아오는 건망증과 깜박임, 아이들이 흔히 보이는 발작적 짜증이나 주의력 결핍, 상실로 인해 발생하는 여러 종류의 슬픔이나 우울을 모두 약물로 치료해야 할 정신질환으로 규정하는 '진단 인플레이션'을 비판한다.

그가 보기에 정신질환이 늘어나는 배경에는 다국적 제약회사와 이들과 동맹 관계인 정신의학계의 담합이 있다. 그에 따르면 2011년 미국의 항정신병 치료제 매출은 180억 달러에 달했고, 이중 항우울제는 약 110억 달러, 주의력결핍장애 치료제는 약 70억 달러에 달했다. 1988년에서 2008년 사이에 항우울제 사용은 거의 4배 늘었고, 이러한 의약품의 처방전 가운데 80%를 1차 진료 의사가 작성했다.[*]

프랜시스에 따르면 주의력결핍장애, 아스퍼거증후군, 성인양극성 장애는 원래 없던 질병이다. 그런데 DSM이 개정됨에 따라 이러한 질병들이 추가되면서 수많은 사람이 정신장애로 진단받고 이에 따라 발병률도 가파르게 치

---

[*]   앨런 프랜시스, 《정신병을 만드는 사람들》 참조.

솟았다. 우리나라도 상황이 비슷할 것이다. 가혹한 생존경쟁 속에서 우울, 불안, 자살 충동 같은 실제 정신적 고통을 겪는 사람이 늘기도 했지만, 자연스러운 현상까지도 장애로 규정하면서 치유와 힐링을 강조하는 정신의학적 관점이 영향력을 떨치는 것도 정신장애 증가에 한몫할 것이다. 이 시점에서 우리는 정신장애를 조금 더 개별 주체 중심으로 바라봐야 한다. 이 관점은 개인이 삶에서 체험한 것과 환경과의 상호작용 속에서 형성되는 정체성을 강조하면서, 개인에게서 나타나는 증상을 자신의 본질을 드러내는 것으로 이해하는 것이다. 증상이 심해지면 치료나 상담을 통해 완화하려고 노력해야 하지만 기본적으로 증상을 완전히 제거할 수 없음을 전제로 한다.

문명 속의 고통

인간의 본성은 생물학적 요인뿐 아니라 사회·문화적인 여러 요인에 의해 형성되며, 개인마다 편차가 있다. 정상과 비정상의 구분이 문제가 되는 이유는 질병을 실체화하면서 이런 관점을 누구에게나 보편적으로 적용할 수 있다고 가정한다는 것이다. 캉길렘에 따르면 질병은 고정된 실체를 갖는 것이 아니라 사회·역사적으로 만들어지며, 정상 개념도 평균 개념에 가깝다. 정상 개념은 객관적으로 측정이 가능한 어떤 실체 개념이 아니라는 것이다. 따라서 병리적인 것 역시 정상의 일종으로 봐야 한다고 주장한다. 정상을 개체 자체에 내재한 속성이 아니라 환경과 개체의 관계 속에서 연속적으로 변하는 현상으로 정의하고, 개체 간의 차이까지 고려해야 한다는 것이다. 캉길렘은 정상이나 비정상 상태는 그 자체로 존재하는 것이 아니라 규범에서 비롯되기에,* 사회 환경이 바뀌면 비정상 상태가 정상으로 정의될 수도 있다고 말한다. 반대의 경우도 마찬가지다. 앞서 DSM이 개정된 역사는 캉길렘의 주장에 타당성을 부여한다. DSM이 개정되면 새로운 질병도 계속 추가된다. 1980년에 나온 《DSM-Ⅲ》는 265개의 병명을 열거하고 있는데, 이는 《DSM-Ⅱ》에 수록된 180개에서 47%가량 증가한 개수다. 1987년에 나온 《DSM-Ⅲ-R》는 292개, 1994년에 나온 《DSM-Ⅳ》는 297개의 병명을 열거하고 있다.**

　　정신적인 질병은 물론 신체적 질병도 과학의 영역뿐 아니라 개별 주체를 중심으로 이해하는 관점 전환이 필요하다. 각 시대와 문화에 따라 정신장애를 바라보는 시각이 다를 수 있고, 정신의학과 약리학이 발달하면 새로운 진단 기준이 나올 수도 있다. 정신장애를 규정하는 역사적 맥락

---

* 　　조르주 캉길렘, 《정상적인 것과 병리적인 것》, 167쪽 참조.

** 　　에드워드 쇼터, 앞의 책, 494쪽 참조.

과 상대성을 고려해야 한다. 호메로스의 시대에는 정신병을 신이 만든 신적 상태로 바라보기도 했고, 한때 위대한 예술가는 우울증 기질이나 광기가 있다고 여겨지기도 했다. 개별 주체 관점에서는 정신질환을 증상이 아니라 개인의 고통을 기준으로 이해하고 다룬다. 정신적 고통과 이를 해결하는 방식도 개인마다 차이가 크기에 치료를 위한 처방에도 다양한 관점의 고민이 필요하다.

다음으로 정신장애는 문명과의 연관성 속에서 바라봐야 한다. 정상과 비정상의 구분을 비판한다고 해서 정신장애나 고통이 실재하지 않으며 모든 것이 상대적이라고 주장하는 것은 아니다. 생물학적 요인이나 뇌 구조의 이상 때문에 발생하는 기질적 정신병은 분명 존재하며, 약물이나 외과적 수단을 활용한 치료와 관리도 필요하다. 하지만 중요한 것은 이른바 정상이라고 말할 수 있는 사람들의 정신 고통도 사회가 발전하면서 점점 증가한다는 점이다. 현대 사회가 점점 물질화·개인화·산업화되고 공동체 관계가 무너지면서 개인의 정신 고통은 커지고 있다.

어떻게 보면 이런 현상은 필연이다. 인간은 사회적 존재일 뿐 아니라 사회적 구조 자체를 통해 인간 본성을 만드는 양면성을 지녔기 때문이다. 프로이트는 《문명 속의 불만》에서 사회를 살아가는 인간이 겪는 삶의 고통과 부조리가 문명의 편리함이 성립되기 위한 전제 조건이라고 말한다. 문명 자체가 본능을 억압하고 통제하기 때문이다. 오늘날 프로이트의 이론은 퇴물처럼 취급되기도 하지만 인간 삶에 던진 통찰의 힘은 여전히 유효하다.

프로이트에 따르면 인간은 세 가지 고통에 시달리며 이를 극복하기 위해 문명을 발전시켰다. 첫 번째 고통은 육체에서 비롯되는 여러 자극과 긴장이다. 인간의 신체는 나약해서 늘 자연의 위협과 생존 투쟁으로 긴장하며 살 수밖에 없었으며 질병에 시달렸다. 하루하루 먹을 것을 구하면서 맹수들과 싸워야 했던 원시시대에는 두려움에 가까운 불안이 심했을 것이다. 어쩌다 기회가 되어 욕망을 충족시키면 만족이 오기도 하지만, 반대급부로 대가를 치를 수도 있다. 예컨대 배가 고프다고 야생 열매나 식물을 함부로 먹었다가는 자칫 중독되어 죽을 수도 있다. 이러한 육체의 한계를 극복하고 다스리기 위해 인간은 술이나 약물을 만들어냈고, 때로 공격성이나 성적 본능을 억제하고 이를 스포츠나 예술로 승화시키면서 적절하게 육체를 통제하는 법을 배운다.

두 번째는 외부세계, 특히 자연이 주는 공포와 재난에서 비롯되는 고통이다. 지식의 양과 질이 한정적이었던 시기에 홍수나 산불, 천재지변은 엄청난 공포와 두려움을 주었기 때문에 인간은 자연을 섬기고 신비화했다. 압도적인 파괴력과 힘을 가진 신적 존재로 자연을 의인화하고 신성하게 바라본 여러 나라의 신화가 이를 보여준다. 과학기술이 발전하면서 인간은 점점 자연을 정복하고 다스리게 되면서 외부세계로부터 온 고통도 줄일 수 있었다. 특히 프로이트는 불의 발명이 인간에게 준 유용함과 그 상징성을 높이 평가한다.

육체의 고통과 외부세계의 고통은 인간의 지식과 문명이 발달하면서 점점 극복해나갔지만 세 번째 고통은 극복이 힘들다. 바로 사람이 주는 고통이다. 인간은 늘 타인과 관계를 맺으며 살 수밖에 없는데, 서로 사랑하고 우애를 나누기도 하지만 적대성을 드러내면서 갈등하기도 한다. 특히 모르는 사람이 아니라 가족, 이웃, 친구 같은 친밀한 관계에서 오는 고통은 그 정만큼이나 아픈 상처를 주기도 한다. 인간관계가 특별한 것은 그것이 서로를 바라보는 응시에 의해 매개되기 때문이다. 타자가 내게 보내는 눈빛을 의미하는 응시는 때로 우리를 수치스럽게도, 힘들게도 한다. 인간은 서로에게 '응시gaze'를 던지는 존재로 사회 속에서 서로를 대상화하기 때문에 갈등은 필연이다. 이처럼 문명은 여러 고통을 다스리기 위해 만들어졌고 많은 편리함과 유익함을 주었지만, 문명 자체가 또 다른 고통의 원인이 된다.

증상은 사람의 고유성

정신질환을 이해할 때 중요한 기준은 겉으로 드러난 증상이 아니라 그 사람만이 지닌 고유한 성격이나 삶이다. 정상과 비정상의 구분을 조금만 걷어내면 우리는 모두 각자의 정신적 고통을 가지고 있고, 그 고통은 어떤 삶의 순간에 증폭되기도 한다는 것을 알 수 있다. 또 명랑해 보이는 사람 중에도 의외로 장애에 가까운 정신질환을 가진 사람이 많다는 사실에 놀라게 된다. 영화 〈미세스 다웃파이어〉, 〈죽은 시인의 사회〉에서 명연기를 펼친 유명한 코미디언 로빈 윌리엄스가 그 예다. 항상 인간미와 유머가 넘쳐 보였던 그는 실은 치매로 인한 우울증으로 고통받다가 2014년에 자살했다.

또 강박 같은 정신 증상이 있다고 해도 이것을 그 사람이 지닌 고유성의 표현으로 이해하면서 긍정할 필요도 있다. 영화 〈사도〉는 우리가 잘 아는 영조를 강박장애를 지닌 사람으로 묘사한다. 영화에서 영조는 나쁜 말을 들으면 귀를 씻고, 문지방을 밟지 않고 폴짝 뛰어넘어가는 등 강박적 행동을 보인다. 오늘날의 관점으로는 일종의 강박장애 증상으로 볼 수 있다. 영화에서는 감정의 기복과 변덕이 매우 심하고, 특히 자식들에게 신경질적이어서 사도세자가 늘 안절부절못하며 아버지 영조를 두려워하는 모습이 잘 묘사되어 있다. 영화적 과장도 있지만 실제 영조의 모습도 비슷했다고 전해진다. 1738년(영조 14년) 1월 21일 《승정원일기》에서 판중추부사 서명균은 영조가 평소 감정 조절을 잘 못한다고 기록하기도 했다. 나라를 다스리는 왕이 감정 조절을 잘 못하고 사람들을 변덕스럽게 대한다면 큰 문제가 될 수도 있다.

영조는 그렇다면 정신장애인가? 《DSM-V》를 적용하면 강박장애나 정서조절장애로 진단받을 것이다. 그러나 증상이 감추고 있는 여러 개인적 특질이나 경험 같은 실존적 정보를 들여다본다면 영조가 정신장애를 지녔다고 단정적으로 판단하기는 어렵다. 한때 정신의학도 이런 삶의 정보를 중히 여기긴 했지만 우연한 정보는 점차 기초자료로만 쓰였고, 이 모든 것이 증상으로 귀결된다고 보았다. 그러나 정신장애로 볼 수 있는 증상이 있다고 무조건 비정상 상태라고 단정할 수는 없다. 영조도 마찬가지다. 역사가 인정하듯 영조는 많은 업적을 쌓고 왕권을 안정시켰으며, 조선 후기의 중흥기를 이끌어 정조 시기의 번영이 가능하게 만든 훌륭한 왕이다. 장수하면서 완벽에 가까운 통치를 보여준 성군이라 할 수 있다. 언뜻 정신장애가 증상이 있으면 공적 업무가 어려울 것 같지만 영조의 예에서 보듯 얼마든지 훌륭하게 업무 수행을 할 수 있다. 정신장애 증상에 휘둘리지 않고, 그것을 잘 이해하면서 그 긍정성을 살리면 된다.

영조는 콤플렉스가 심했고 자기 방어 태도가 강했다. 역사학자들은 영조가 원래 출신 성분이 천하고(바느질하던 침방나인의 아들) 이복형인 경종을 독살했다는 의심을 받았으며, 노론 덕분에 왕이 되었다는 세 가지 콤플렉스가 있었다고 설명한다.* 그랬던 그였기에 왕의 자리에 있으면서도 자주 불안해했고 왕으로서 책잡힐 행동을 하지 않고 완벽해야 한다는 강박관념이 심했을 것이다. 혜경궁 홍씨가 쓴 자전적 회고록인 《한중록》에는 영조에 관한 다음과 같은 묘사가 나온다.

말씀을 가려 쓰셨는데 '죽을 사死 자', '돌아갈 귀歸 자'는 모두 꺼려 쓰지 아니하시니라. 또한 정무회의 때나 밖에 나가서 일을 보시며 입으셨던 옷은 갈아입으신 후에야 안으로 드셨고, 불길한 말씀을 나누시거나 들으시면 드실 제 양치질하고 귀를 씻으시고, 먼저 사람을 불러서서 한마디라도 말씀을 건넨 다음에야 안으로 드셨느니라. 좋은 일과 좋지 않은 일을 하실 제는 출입하는 문이 다르고, 사랑하는 사람 있는 집에 사랑하지 않는 사람이 함께 있지 못하게 하시고, 사랑하시는 사람이 다니는 길을 사랑하지 않는 사람이 다니지 못하게 하시니라. 이처

*   김태형, 《심리학자, 정조의 마음을 분석하다》 참조.

영화 〈사도〉 포스터(2015)

강박장애를 앓는 것으로 묘사된 영조

영조가 강박장애 증상을 보였다고 하여 영조를 '환자'로만 바라보아서는 안 된다. 영조는 그러한 증상에 휘둘리지 않고 그 긍정성을 살린 대표적인 인물이다.

럼 사랑과 미움을 드러내심이 감히 헤아리기 어려울 정
도로 분명하시니라.*

　이러한 강박적 태도는 특히 자식을 대할 때 지나치게
완벽한 모습을 강요하는 식으로 드러났는데** 사도세자의
기이한 행동이나 이로 인한 비극도 상당 부분 영조의 강박
기질로 인한 왜곡된 부자 관계에서 비롯되었다고 볼 수 있
다. 그러나 비록 영조가 무의식적 열등감과 신경성 기질을
지녔고, 이를 방어하기 위해 변덕이나 강박행동을 보인 것
이 사실이라도 우린 영조를 그저 '환자'로만 보지 않는다.
그는 오히려 강박적 기질을 살려 왕성하게 일을 하면서 왕
의 역할에 충실했기 때문이다. 영조에 의해 죽임을 당한
사도세자의 정신건강에 대해서도 많은 논란이 있지만, 그
것은 언급하지 않기로 하자. 오늘날 DSM을 기준으로 어떻
게 판단하든 영조는 대표적인 성군 중 한 명이다.

　이처럼 우리는 정신장애를 지나치게 증상을 통해서

---

*　혜경궁 홍씨, 《한중록》, 40쪽.

**　위의 책 41쪽에 다음과 같은 내용이 있다. "바로 동궁을 부르시어 '밥
　먹었냐' 물은 다음, 경모궁께서 대답하시면 그 자리에서 귀를 씻으
　시고, 씻으신 물은 당신이 사랑치 않는 화협옹주가 있는 광창 쪽으
　로 버리시니라." 영조가 세자를 이렇게 대한 것은 정상적인 아버지
　의 행동이라고 보기 힘들다.

만 이해할 것이 아니라 그 사람의 인격과 개인사, 사회와 연관 지어 총체적으로 이해하면서 바라봐야 한다. 그리고 사회 갈등이 구조적으로 전제될 수밖에 없는 문명의 삶에서 스트레스나 정신 고통은 필연적으로 감내할 수밖에 없음을 인정해야 한다. 심리의 고유성에 주목할 때 정신장애가 왜 나타나는지 이해하고, 대처할 수 있을 뿐 아니라 그것이 우리를 집어삼키지 않도록 경계할 수 있다. 정상과 비정상의 경계가 명확하지 않다는 것은 누구나 살면서 정신 문제를 경험할 수 있다는 것이고, 정신장애자가 특별한 사람들이 아니라는 것이다. 그것을 삶의 자연스러운 모습으로 봐야 한다. 다음과 같은 프로이트의 말은 이런 점에서 새겨볼 만하다.

> 모든 사람은 반쯤만 정상이다. 정상적인 자아는 이런저런 부분에서 어느 정도는 정신병 환자의 자아에 가깝다. 한쪽 끝에서는 멀어지고 다른 쪽은 가까워지는 정도가 우리가 막연하게 '자아의 변질'이라고 이름 지은 것의 잠정적인 척도가 될 것이다.*

정상 자아와 비정상 자아의 구분에 얽매이지 말고 우

---

*   지그문트 프로이트, 《끝낼 수 있는 분석과 끝낼 수 없는 분석》, 344쪽.

리를 괴롭히는 고통이 있다면 그것을 잘 이해하고 조절하면서 나만의 무늬를 만들어나가는 노력이 중요하다. 특히 살면서 자주 경험하는 우울, 강박, 불안, 여러 형태의 스트레스는 정신질환으로 단정하기보다는 일상적 양상으로 이해하면서 이것에 휘둘리지 말고 잘 다스리며 삶을 지속하는 지혜가 필요하다.

③

불안과 우울

일상 속에 있는 불안

이제 본격적으로 불안에 대해 이야기해보자. 불안은 우리에게 아주 친숙한 경험이자, 거의 모든 사람이 겪는 정신적 고통이다. 정신의학의 표준지침인 DSM에서 '불안 장애'라고 명명한 불안은 현대 정신의학에서도 가장 많은 연구가 이루어지고 있으며, 포괄하는 하위 범주도 강박장애, 공황장애, 사회공포증, 우울증 등으로 넓다. 정신의학을 잘 몰라도 불안장애라는 말을 한번쯤은 들어봤을 것이다. 그러나 불안은 비교적 최근에 만들어진 개념이다. 19세기 이전에는 불안이라는 개념 대신 모든 정신질환을 '멜랑콜리melancholia'로 통칭해서 불렀고, 원인에 대한 설명도 다양했다.* 멜랑콜리는 두려움, 침울함, 자살 충동에서부터 급격한 신체 고통이나 망상 같은 조현병 증상까지 아우르는 포괄적이고 막연한 개념이다.

19세기에 정신의학이 본격적으로 발달하면서 불안이라는 개념도 유행하기 시작한다. 불안은 정서적 경험이자 신체 변화도 촉발하는 증상인데, 그 원인이 뚜렷하지 않아 정신분석 분야에서 특히 주목하였고, 정신의학에도 큰 영향을 주었다. 19세기 정신의학에는 세 명의 선구자가 있었다. 먼저 근대 정신의학 성립에 기여한 에밀 크레펠린

---

*   앨런 호위츠, 앞의 책, 100쪽 참조.

Emil Kraepelin은 '조발성 치매dementia praecox'라는 말을 처음 사용하여 조울증과 구별하고 임상 관찰 기록을 범주로 분류해 새로운 정신 진단 틀을 만들었다. 이 '조발성 치매'를 '조현병'이라 명명한 오이겐 블로일러Eugen Bleuler는 '조현병'을 하나의 질환이 아니라 여러 질환의 집합 단위로 봐야 한다고 주장했다. 마지막으로 정신분석학을 창시한 지그문트 프로이트는 불안과 신경쇠약을 구분하면서 불안 개념에 큰 발자국을 남긴 선구자다.

프로이트는 처음에는 불안을 성적 억압 때문에 제대로 방출되지 못한 성적 흥분이 가져오는 심리 상태로 정의했으나 후기에는 불안이 어떤 위험이나 미래 상황에 대한 일종의 신호 역할을 한다고 보았다.* 정신의학에서는 불안을 신체·정서·정신 영역에 고루 영향을 끼치는 것으로 파악하면서 부정적 효과를 강조한다. 정신의학자 에밀 크레펠린은 불안이 정상적인 사람들에게도 정신과 신체

---

*   프로이트는 1894년 초창기 친구 플리스에게 보낸 편지에서 불안은 억압된 성적 긴장에서 발생한다고 말했으나, 1926년 「억압, 증상 그리고 불안」에서 불안을 새롭게 정의한다. 이 후기 저서에서 그는 전기와는 다르게 불안이 억압을 일으킨다고 수정하면서 불안을 신경증의 핵에 위치시킨다. 불안에 대해서는 프로이트가 19세기 정신의학자 중 가장 선구자다. 불안에 대한 프로이트와 라캉의 이론은 이수진, 「프로이트와 라캉, 불안의 개념화와 정신분석 실천 함의:불안, 행위(로)의 이행 너머 환상의 횡단으로」(2021)를 참고하라.

의 전체 상태에 동시에 영향을 준다고 말한다. 불안은 가슴 부위의 압박감과 심장의 두근거림, 창백함, 맥박 증가와 몸의 떨림, 때로는 식은땀, 배변, 배뇨 증상을 동반한다. 정신의학자들의 관점은 특별한 이유 없는 두려움과 우울로 묘사한 로마의 의학자 켈수스Aulus Cornelius Celsus(BC 25?~AD 50?)의 관점*과 많이 통한다. 그러나 불안과 두려움은 다르며, 스트레스와 불안도 동일하다고 보기 어렵다. 불안은 어떤 위협적 상황이나 불안전성에 대한 자동반응이라기보다는 적극적인 인간의 정동이기 때문이다. DSM은 불안과 두려움을 다음과 같이 구별한다.

먼저 공포란 실제로 존재하거나 혹은 지각된 즉각적인 위협에 대한 감정 반응이고, 불안은 미래의 위협을 예측하여 발생하는 것이라고 설명한다. 두 상태는 위협과 연관되는 등의 공통점이 있지만, 공포는 '싸움-도피fight or flight 행동'에 필요한 자율신경계의 각성, 즉각적인 위험에 대한 생각, 도피 행동과 관련이 깊다. 반면 불안은 미래의 위협을 준비하거나 이를 조심하는 것, 혹은 회피 행동과 연관된 과잉 각성 및 근육 긴장과 더 관련이 깊다.**

---

*   앨런 호위츠, 앞의 책, 54쪽 참조.

**   미국정신의학협회(APA), 《DSM-5 정신질환의 진단 및 통계 편람》, 199쪽 참조.

불안에는 환경이나 상황도 중요하지만, 개인의 기질이나 상황을 해석하는 태도와 가치관이 더 크게 작용한다. 또 두려움이나 스트레스보다 불안은 범위가 더 포괄적이고, 여러 요인에 의해 만들어진다. 불안을 인과관계를 분명히 밝힐 수 있는 질병으로 보기보다는 사회적 맥락 속에서 파악하고 공동체적으로 대처해야 하는 것도 그 때문이다. 불안장애는 지금의 코로나 상황처럼 어떤 불확실성uncertainty이 지속되는 상황에서 이 상황을 회피하려는 방어 심리·성향과 관련이 깊다.* 그런데 불확실성이나 위험 상황은 객관적 지표라기보다는 주관적으로 느끼는 상태다. 불안은 상황에 대한 각자의 심리적 대응이고, 방어 심리도 공격성이나 파괴성의 발현으로 이어지기도 한다는 것을 강조할 필요가 있다. 게다가 꼭 특정 상황에서만 불안이 발생하는 것은 아니다. 한마디로 불안은 복합적이며 환경과 주체의 상호작용 속에서 나타나는 실존적 정동으로 이해해야 한다. 앞서 의학 관점이 불안을 병리적 실체로 간주하는 것을 비판했는데, DSM이 말하는 것이 불안장애라면 불안은 일상 속에 있는 근본 정서, 즉 인간 현존재現存在의 본질과 연관된 정서라 할 수 있기에 불안장애가

---

* 이준엽 외, 「불안 및 우울 장애에 있어서 불확실성에 대한 불내성의 역할」, 2013 참조.

아니라 불안에 주목하는 것이 불안의 긍정성을 살리는 좋은 방법이다.

불안장애가 아니라 불안

정신의학은 불안, 불안장애, 우울장애를 구분하면서도 임상적 맥락에서 큰 차이를 두지 않는다. 그러나 인간의 능동성과 주체의 고유성을 강조하는 인문학적 입장에서는 불안과 불안장애를 구분해야 한다. 불안과 불안장애는 다른 것이기 때문이다. DSM에 따르면 가장 흔한 심리장애는 불안장애, 물질(알코올, 약물)장애, 기분장애다. 불안장애는 다시 사회불안장애, 공황장애, 광장공포증, 특정공포증, 강박장애, 외상후스트레스장애, 범불안장애로 분류된다. DSM에서 불안장애는 비중이 점점 커지고 있다. 《DSM-Ⅲ》(1980년)에서는 15쪽, 《DSM-Ⅳ》(1994년)에서는 51쪽, 《DSM-Ⅴ》(2013년)에서는 99쪽을 불안장애에 할애하고 있다. '범불안장애'라는 진단명이 처음 사용된 것은 《DSM-Ⅲ》다. 당시에는 1개월 이상 지속되는 광범한 불안과 근육의 긴장감, 자율신경계의 기능항진, 염려스러운 기대, 경계의 4가지 중 3가지 이상의 특성을 보이는 경우를 범불안장애로 봤다. 1994년 발간된 《DSM-Ⅳ》에서는 6가지 증상 중 적어도 3가지가 동반될 때 불안장애로 진단한다. 6가지 증상은 안절부절못함 또는 긴장이 고조된 느낌, 쉽게 피로해짐, 정신 집중의 어려움 또는 멍한 상태, 자극에 대한 과민성, 근육 긴장감, 수면장애다.*

DSM 진단의 가장 큰 문제는 증상을 근거로 불안을 실체화하고 하나의 질병처럼 이해하면서 그것을 입체적으로 이해하는 통로를 차단한 것이다.** 불안은 여러 심리 증상의 핵이라고 할 수 있지만, 불안 자체는 관찰할 수 있는 대상이 아니며 그로 인해 나타나는 증상도 다양하다. 또 불안은 상당 부분 무의식적 원인을 가지기 때문에 증상보다 그것이 시작되고 유지되게 만드는 심리 메커니즘에 더 주목해야 한다. 심층 심리를 분석하려면 대면 상담이나 정신분석이 더 효과적이다. 불안은 외적 상황이나 대상에 대한 공포반응이라기보다는 그런 상황에 대처할 때 생기는 복합적인 정서다. 미국정신분석학회에서 나온 《정신분석용어사전》에 불안은 "무의식적인 위험에 관련된 것"으로, 공포는 "의식적으로 인지할 수 있는 외부적이고 현실 위험에 대한 반응"으로 정의하고 있다.*** 프로이트는 불

---

*   송정민 외, 「일차 진료에서의 범불안장애의 진단과 치료」, 《가정의
       학회지》 Vol. 26, 2005, 517~528쪽 참조.

**   박용천, 「정신분석적 관점에서의 불안」, 2005, 14~17쪽 참조.

*** 미국정신분석학회, 《정신분석용어사전》, 195쪽.

안을 현실적 불안realistic anxiety과 신경증적 불안neurotic anxiety으로 구분하면서 불안의 복합성을 강조했다. 구체적으로 알려진 위험에 대한 불안 반응을 현실적 불안, 뚜렷하게 대상이 특정되지 않은 불안을 신경증적 불안이라 불렀다. 2년 넘게 코로나로 인한 팬데믹 상황 때문에 많은 사람이 불안과 우울을 호소한다. 그런데 이런 반응은 코로나에 대한 두려움이라기보다는 알지 못하는 미래에 대한 불길함, 무력감으로 인한 정서적 불안전성을 겪는 것이기 때문에 신경증적 불안에 가깝다. 신경증적 불안이야말로 인간관계의 근본에 자리 잡은 채 무의식적으로 작용하는 경우가 많다. 그리고 신경증적 불안은 상황이 아니라 마음에서 오기 때문에 겉으로 보면 엉뚱한 양상으로 드러나기도 한다.

겉으로 드러난 증상은 불안의 본질이 아니다. 오히려 불안 때문에 불안장애에서 정의하는 증상과는 전혀 다른 방어기제를 만들 수 있다. 대학교 강의에서 만났던 학생 K의 사례가 이를 잘 보여준다.

유난히 정이 많고, 소심하지만 성실한 K가 있었다. 집안 형편이 어려워서 항상 장학금을 신청하거나 근로를 자원하면서도 학점 관리를 아주 잘했다. 수줍음 많고 내향적이었지만 책임감이 강해 자원해서 2년이나 과대표를

맡고, 친구들과 모임도 주선하고 생일이나 좋은 일을 의식적으로 챙기는 등 배려심도 강했다. 비가 많이 오면 비가 오니 차 조심, 길 조심 하라고 신신당부하고, 날이 좋으면 기분 좋은 하루를 보내라고 다정한 연락을 남기는 등 친구들을 세심하게 챙겼다. 성적도 좋고 성실해서 졸업하자마자 큰 규모의 마케팅 회사에 취업했는데 적성과 달리 영업과 판촉이 주업무였다.

처음에는 잘 적응하는가 싶더니 영업하는 과정에서 상처도 많이 받고 실적도 점점 부진해지면서 급속히 불안 증세를 느꼈다. 졸업 후 은사라고 가끔 연락도 주고받고 나를 찾아왔는데 그때마다 K를 격려하고, 조금 더 적성에 맞는 직무로 이직해보는 건 어떠냐며 등을 두드려주기도 했다. 그러나 시간이 지나면서 결국 자괴감과 열등감을 극복하지 못하고 회사를 나와서 다른 친구와 창업을 했다. 사업은 K의 적성이나 소질과 맞지 않는 것 같아 차분하게 준비하면서 다른 회사에 들어가는 게 어떠냐고 충고했지만, 하루빨리 경제적으로 자립해 집안에 도움이 되어야 한다는 강박관념이 K를 몰아붙였다. 결국 꾸준히 이어지던 연락이 끊기고 나도 일상에 몰두하며 지내다가 K의 소식을 듣게 되었다. 창업에 실패하고 동업했던 친구와도 사이가 틀어져 사람들을 멀리하고 은둔형 외톨이처럼 집에 틀어박혀 지낸다는 것이었다.

그러면서 하루 종일 인터넷 커뮤니티나 유튜브만 보면서 점점 극단적인 견해를 갖게 되어 이제 대학 동기들도 K를 피한다는 소식을 들었다. 특히 본인이 옳다고 생각하는 신념이 생기면 이와 관련된 게시글이나 동영상을 친구들에게 보내 자신이 견해를 강요하기도 했다. 건강한 토론이나 정보교환이 아니라 본인의 집착과 믿음을 강요하면서 무언가를 강박적으로 좇기 시작한 것이다. K를 걱정한 친구가 정신과 상담을 받아보면 어떻겠냐고 조심스럽게 권하자 자기를 정신병자 취급한다며 다시는 연락하지 말라고 연을 끊었다고 한다.

K의 원래 성향이나 행동을 떠올려보면 현재의 신경질적 모습이 상상되지 않았다. K는 자존감을 잃어버리고 대인관계를 기피하기 시작하면서, 오랫동안 의식하지 못했던 자신의 불안심리 때문에 타인을 배척하고 편집증적 집착에 매달리게 된 것이다. 아마 K가 직장생활에 적응하여 학창시절처럼 타인에게 인정받으면서 자기 역할을 수행할 수 있었다면 불안을 느끼더라도 은둔형 외톨이가 되거나 종교에 가까운 극단적 신념에 집착하고 이를 친구들에게 강요하지는 않았을 것이다. 이 사례 역시 불안의 또 다른 얼굴, 즉 방어 기제를 잘 보여준다. 인간은 두려움, 수치심, 불안을 느낄 때 이에 대처하기 위해 여러 방어 기제

를 만들면서 행동한다. 방어 기제란 자아를 보호하기 위해 스스로에게 자신이 처해 있는 상황을 속이거나 에너지를 쏟는 대상을 전환하는 심리 작용이다. 수면장애, 신체적 고통, 우울, 공격적 행동도 심리 갈등이나 불안을 피하기 위한 방어 작용이다. 지금 내가 처한 상황이 나의 자존감이나 내가 믿는 가치를 위협하거나 소외시킬 때, 그 위험을 알리기 위한 신호로 불안이 나타난다. 이 신호로서의 불안을 피하려고 공격적 행동을 하거나 극한 피해의식을 가질 수 있는데, 이를 성격장애나 정신질환으로 단정하면 근본 원인을 보지 못할 수 있다.

불안은 부정 정서이자 고통처럼 보이지만 현재 상황을 돌아보게 만드는 신호이자 내 존재의 순수한 목소리이기도 하다. 불안을 덮어놓고 불안장애로 규정하면서 무조건 불안에서 벗어나려는 것이 위험한 것도 그 때문이다. 불안은 일상적인 현상이면서 잘못 대응하면 한없이 빠져들 수 있는 늪이기도 하다. 불안 자체가 문제가 아니라 불안을 외면하거나 잘못 이해하면서 불안에 지배당하는 상황이 문제다. 그러므로 불안을 일상적 정서로 인정하고 긍정적으로 승화시켜야 한다. 우울도 마찬가지다.

불안과 우울

불안의 긍정성을 이야기하기 전에 불안과 우울에 대해 잠시 이야기해보고자 한다. 불안과 우울은 정상인이 가장 흔하게 경험하는 정신적 고통이며, 밀접한 연관성도 있기 때문이다. 불안이 만성화되다 보면 우울증을 동반하거나 심한 우울증으로 발전할 수 있다. 보건복지부는 전 국민을 대상으로 정신건강실태 조사를 실시해 5년 주기로 결과를 발표하는데, 2021년 조사 결과에 따르면 우리나라 사람들 정신장애 평생 유병률은 27.8%로 네 명 중 한 명 이상 꼴로 평생 한 번 이상 정신장애를 경험하는 것으로 나타났다. 보건복지부 자료에서는 유병률을 "주요 정신장애에 대해 평생 동안 한 번 이상 증상을 경험한 비율"로 정의한다. 유병률에서 특히 9.3%를 차지하는 불안장애와 7.7%를 차지하는 우울장애에 주목해야 한다. 조현병이나 알코올 사용장애는 유전적·생리적 원인이 많으며 일반적인 사례라기보다 특수한 경우이기 때문이다. 반대로 우울장애는 누구나 경험할 수 있는 친숙한 정신장애고 은연중 폐해도 적지 않다. 여러 나라의 통계 자료를 보면 우울증은 대략 세계 인구의 6% 정도가 겪는 정신장애고, 만성장애 비율도 17%나 된다. 우리나라도 우울증을 겪는 사람이 많은 것도 문제지만 10대와 20대 우울증이 늘어나는 현상이 더 심각한 문제다. 우울증은 우리 사회에서 암보다 큰 부담으로 작용하고, 그로 인해 4조 이상의 사회경제적 비용이 들어간다고 한다. 심지어는 우울증으로 인한 자살도 빈번하게 벌어진다.

우울증이란 무엇인가? 미국정신의학회에 따르면 '우울장애'는 '최소 2주 동안의 우울한 기분 또는 대부분의 활동에서의 흥미나 즐거움 상실이 필수 증상이며, 이외에 식욕 및 체중의 변화, 수면의 변화, 정신운동성 초조나 지체, 피로감, 무가치감 또는 죄책감, 사고력 및 집중력의 감소, 자살 사고 또는 시도 중 4개 이상의 증상이 최소한 2주 이상 나타나'는 것이라고 한다. 정신분석의 정의도 설명이 비슷하다. 슬픔, 무기력, 죄책감 등의 정동이 계속되거나 이에 수반해 권태나 피로, 불면증, 성욕의 감소 등이 겹쳐지는 상황을 보통 우울증이라고 정의한다. 한마디로 정서, 신체, 의지 모든 것이 무기력해지면서 우울한 정서가 지배하는 것이 우울증으로, 불안장애의 또 다른 모습이기도 하다. 우울증은 누구나 걸릴 수 있지만 그 폐해는 스스로 목숨을 끊을 수도 있을 만큼 치명적이며, 열대 지방의 늪과 비슷하다. 진흙, 모래, 수초 들이 뒤엉켜 있는 늪에 사람이나 짐승이 빠지면 처음에는 별로 깊지 않아 금방 나올 수 있을 것 같다. 그러나 시간이 지날수록 몸의 무게 때문에 빠져나오려고 허우적거릴수록 깊이 빠져버려 혼자 힘으로 나올 수 없게 된다. 영화나 다큐멘터리에서 늪에 빠진 사람이나 짐승을 보면 안간힘을 쓰다 점점 깊이 빨려들어가 완전히 사라지는 끔찍한 장면을 볼 수 있다. 이처럼 우울증도 어느 순간 늪이나 유사流沙*에 빠진 것처럼 나오려고 허우적대며 발버둥 칠수록 깊이 빨려 들어가는 악순환이 계속된다. 그러다 보면 어느새 자신에 대한 통제력을 잃고 우울한 감정에 매몰되고 만다.

대체로 우울증은 갑자기 스스로를 정상이 아니라고 느끼거나 일상에 대한 흥미를 잃거나 무기력을 경험하는 질병처럼 인식한다.** 우울증의 원인은 여러 가지다. 신경 전달물질인 노르에피네프린norepinephrine이나 세로토닌이 감소하면서 스트레스 호르몬을 잘 통제하지 못하는 생물학적 원인으로 생길 수도 있고, 세상과 자신을 보는 인지도식이 부정적으로 형성되는 인지적 원인으로 생길 수도 있다. 아니면 지나치게 타인의 욕망을 좇으며, 그것을 기준이나 목표로 삼아 자신의 삶을 만들어나가려다 좌절해 생길 수도 있다. 기질적·만성적 원인도 있고, 실직이나 사별 같은 상황 때문에 겪을 수도 있다. 우울증에 걸리면 축 처져서 슬픔과 무기력에 빠져 있다고 생각하지만 엉뚱한 방향으로 증상이 드러나기도 한다. 슬픔과 무기력 대신

---

* 　유사란 바람이나 흐르는 물에 의하여 흘러내리는 모래를 말한다.

** 　수 앳킨슨, 《우울의 심리학》, 56쪽 참조.

타인과 사회에 대한 분노나 질투 같은 폭력적인 정서가 나타날 수도 있다. 착하던 사람이 갑자기 자주 화를 내거나 참을성이 떨어지고, 감정의 변덕이 심하거나 생활 리듬이 깨져서 수습하지 못한다면 우울증일 가능성을 의심해보아야 한다.

최근에는 '고기능성 우울증high-functioning depression'도 있어 우울증에 대한 이해가 더 복잡해졌다. 고기능성 우울증이란 외적으로는 힘들어하는 모습이 없고 평온해 보이며 부정 감정을 표출하지 않지만, 내적으로는 심각한 고통을 겪는 우울증인데 주로 사회적으로 성공을 거둔 사람들에게 나타난다. 2019년 미스 USA이자 변호사였던 체슬리 크리스트가 2022년 1월 31일 뉴욕 아파트에서 투신자살해 사람들을 놀라게 했다. 체슬리는 흑인 최초로 미스 USA에서 우승하고 노스캐롤라이나주 변호사로 일하며 재소자들에게 무료 변론 상담을 해주는 등 사회적 성공을 거두고 사회봉사도 많이 한 사람이었다. 남부러울 것 없이 모든 것이 완벽해 보이고 우울증 징후를 전혀 보이지 않지만 아무도 모르게 고기능성 우울증을 앓으며 힘든 시간을 견뎌왔던 것이다.

일상적으로 대중 앞에 노출되면서 자기의 기분과는 상관없이 일정한 캐릭터를 보여주어야 하고, 사생활이 제대로 보호받지 못하면서 온갖 관심, 질시, 미움을 받기도 하는 유명인의 경우 직업 특성상 고기능성 우울증처럼 우울이나 불안이 드러나지 않는 경우가 많을 것이다. 그러나 평범한 사람 중에도 은밀히 마음의 병을 앓는 사람들이 의외로 많다. 더 심각한 것은 본인도 우울이나 불안에 깊이 침잠되어 그 징후를 인지하지 못하다가 사태가 급격히 악화되는 경우다. 그래서 정신장애를 특별한 사람의 문제로 생각하지 말고, 누구나 겪을 수 있는 것으로 여겨야 한다.

이러한 우울의 근원에는 불안이 있다. 불안이 우울장애나 강박장애 모습으로 표현될 수도 있다. 그러나 불안이 우울이나 강박 같은 부정적 모습으로만 나타나는 것은 아니다. 새로운 자극을 주어 생산성을 높이는 것처럼 긍정적인 방향으로 나타나기도 한다. 이러한 긍정성을 살리려면 불안의 본성과 원인을 잘 이해해야 한다. 그러려면 불안을 조금 더 일상적인 맥락에서 분석하면서 마치 사금을 채취하듯 여러 감정의 혼합 속에서 불안의 긍정성을 끌어내야 한다.

불안의 긍정성

부정적 측면에도 불안을 긍정해야 하는 것은 지극히 인간적인 감정이자 새로운 것을 실현하는 가능성으로 우리를 인도하기 때문이다. 인간은 '지금 여기 이곳'에 자신의 의지와 무관하게 내던져져 외롭고 아파하면서 죽음을 향하는 존재이기에 불안을 느낀다. 동물은 삶의 방식이나 욕망이 정해져 있으며, 자연의 순리를 벗어나지 않아 생존 위협에 대해 두려움을 느끼기는 하지만 인간이 느끼는 종류의 불안은 느끼지 않는다. 반면 인간은 삶의 방식과 존재의 본질을 스스로 규정하고 만들 수 있는 특별한 존재로, 철학에서는 이런 본질을 '실존existence'이라고 부른다. 인간은 자신에게 주어진 가능성을 종합하면서 미래를 만드는 자유의 실존자existant므로 불안을 느낀다. 실존주의 철학자 키르케고르Sören Aabye Kierkegaard는 다음과 같이 말했다.

> 자아는 단순한 관계가 아니라 자기 자신과 직결되는 관계다. 인간이란 하나의 유한과 무한의 종합, 시간적인 것과 영원한 것의 종합, 자유와 필연의 종합, 요컨대 하나의 종합이다. 종합이란 두 개의 첫 사이의 관계다. 이런 식으로 본다면 이른바 인간이란 아직 자기는 아니다.[*]

인간의 본질과 운명은 정해진 것이 아니고 종합에 의해 완성되어야 한다. 이 종합을 통해 인간은 자신은 물론

---

[*]   Sören Kierkegaard, 《The Sickness Unto Death》, p. 13.

타자와도 관계를 맺을 수 있다. 역설적으로 이런 이중성이 인간에게 절망, 두려움, 불안을 준다. 이 이중성은 인간 안에 모순되게 공존하는 동물성과 영혼의 본성 둘 다와 관계가 있기 때문이다.

인간은 쾌락, 성욕 등 동물적 본능도 충족시키려는 야수성을 가지고 있으면서 동시에 천사나 신과 같은 전혀 다른 존재가 될 가능성을 꿈꾸기도 한다. 이런 모순 상황에서 두 가능성의 종합을 시도할 때 희망과 두려움을 동시에 가질 수 있다. 내 삶의 본질이 결정된 것이 아니라 바로 나 자신이 만들어야 하기에 역설적으로 불안을 느낀다. 미래를 향한 가능성을 온전히 홀로 떠맡아야 하는 고독이 인간의 운명이다.

이런 의미에서 불안은 오히려 성숙을 가능하게 하는 매개이자 실존적 존재인 인간이 지닌 고유성의 증표다. 실존적 존재라는 것은 개별자라는 뜻이고, 우린 개별자로서 다른 무엇으로도 환원될 수 없는 나 자신을 찾아야 하는 과제를 지닌다. '나다움' 혹은 '고유성의 실현'이 중요한데, 자신도 모르게 세속에 물들면서 자신의 본질을 잃어갈 때 불안은 경종을 울린다. 하이데거Martin Heidegger는 나의 고유한 실존이 대상화되거나 물화될 때, 우리는 위기 징후로서 불안을 느낀다고 말한다. 대상화나 물화는 사회적 존재인 인간이 쉽게 빠지는 길이기도 하다. 살다 보면 타인의 삶과 세상이 만든 기준이나 전통을 무비판적으로 따라가는 수동적 삶에 처하기 쉽기 때문이다. 유아기부터 청소년기까지 성장하는 과정에서 가까운 가족이나 친구부터 사회적으로 동경하는 멘토까지 얼마나 많은 사람의 영향을 받고 이들을 모방하고자 하는가?

하이데거는 익명성을 속성으로 갖는 타인을 '세인世人, das man' 그리고 세인을 맹목적으로 좇으면서 예속되는 삶을 '비본래적 삶'이라 하였다. 비본래적 삶은 소외된 삶이다. 현대 소비사회는 물질적 욕망을 끊임없이 부추기고 미디어를 통해 물화된 삶을 '라이프스타일'이라고 부르면서 문화를 통해 비본래성을 강요한다. 르네 지라르René Girard가 말한 것처럼 우리는 타인을 모방하면서 욕망을 배우므로, 자연스럽게 타인의 욕망을 따라 배워 본래성을 잃어버리고 예속되기 쉽다. 불안은 이런 상황에서 발생한다.

정신분석, 특히 라캉의 이론에 따르면 불안은 내 존재가 억압될 때 절규처럼 터져나오는 존재의 정동이다. 불안은 정신이 어느 한 극단이 아니라 인간이 지닌 가능성을 모두 종합할 때 발생하는 '자유의 현기증'이라고 표현한 키르케고르의 말과 일맥상통한다. 그러므로 불안은 고통이면서 구원일 수 있다. 선택이란 늘 두 얼굴을 가지고 있지만 그것을 누리는 것이 곧 자유다. 평생 지금 다니는 직장을 천직으로 여기며 살다가 나이 들어 은퇴하는 순간 앞으로 무엇을 할지 몰라 고민하는 은퇴자를 생각해보자. 인간은 매 순간 선택에 직면하고, 이 선택을 위해 치러야 하는 고통이 바로 불안이다. 선택을 피할 수 없다면 불안이라는 고통을 즐겨보자.

불안시대, 불안사회

2018-2020 한국 사회 불안 요인

단위 %　　■ 2018년　　■ 2020년

신종 질병　2.9 / 32.8
경제적 위험　12.8 / 14.9
범죄　20.6 / 13.2
국가안보　18.6 / 11.3
도덕성 부족　9.5 / 7.4
환경오염　13.5 / 6.6
인재　9.2 / 5.6
빈부격차로 인한 계층갈등　6.0 / 4.8
자연재해　6.6 / 3.3

자료: (2018 통계청 사회조사), (2020 통계청 사회조사)

현대 사회의 불안

　위의 통계를 보면 2018년과 2020년에 한국인들이 느끼는 불안 요인이 순위별로 정리되어 있다. 이러한 통계가 집계되는 것을 보면 불안은 우리 사회를 지배하는 대표 정서 중 하나라고 할 수 있다. 2020년 응답자의 32.8%가 최대 불안 요인으로 신종질병을 꼽은 것에서 보듯 코로나 영향이 상당한데, 이는 세계적 현상이다. 하지만 우리나라 사람들이 느끼는 불안에는 우리나라의 특수성도 더해진다. 코로나로 인한 안전에 대한 불안과 경제적 위험은 세계적인 현상이지만 범죄, 국가안보, 도덕성 부족, 환경오염 등에는 특수성이 반영되어 있다. 또 세대나 성별에 따라 다른 불안을 안고 있기도 하다. 미래의 주역인 청년 세대는 주로 생존경쟁에서 비롯되는 미래에 대한 두려움과 불안을 겪는다. 여성들은 스토킹 범죄나 성폭력 등 안전에 대한 불안이 크고, 노인세대는 노인세대대로 빈곤 때문에 불안을 겪는다. 불안한 시대, 불안한 한국인이다. 상황이 이렇다 보니 불안을 따로 연구하는 '불안의학회'가 있고, 불안에 대한 책과 논문도 쏟아져나온다.

한국은 국내총생산 규모도 세계 9위로 높고, K-팝이나 K-드라마 같은 한류가 세계로 뻗어나가면서 문화적 역량도 커졌다. 복지 수준은 다른 선진국에 비하면 낮은 편이지만 한국의 복지지출 비중은 38개 OECD 국가 중 가장 빠른 속도로 증가하는 추세다. 누가 뭐라고 해도 한국은 선진국에 속하고, 세계를 선도하는 소프트파워를 가진 나라로 인정받고 있다. 이러한 지표들이 과거보다 훨씬 나아졌음에도 여전히 불안이 대세 정서며, 불안장애에 속하는 다양한 정신장애가 증가하는 추세다. 한국사회에 불안을 신체적 고통, 공격성, 우울 등 부정적으로 표출하게 만드는 구조적 문제가 있다고 할 수 있다.

불안의 원인이나 구조적 문제를 파악하려면 우선 현대 사회에서 불안의 양상이 달라졌음을 알아야 한다. 원시인들이 느끼던 원초적 불안(공포, 두려움)에서 점차 신경증불안neurotic anxiety으로 바뀌고 있기 때문이다. 불안에는 크게 현실불안과 신경증불안이 있다. 도덕불안을 따로 분류하여 세 가지로 나누기도 하지만 신경증불안과 묶어서 이해할 수 있다. 현실불안은 외부에서 오는 위험에 대한 두려움이며 불안의 정도는 실제 위험의 정도에 비례한다. 반면 신경증불안이나 도덕불안은 외부로부터의 위협에 상관없이 개인 내면의 '힘의 균형'이 위협을 받을 때 생긴다.[*]

원시 인류가 주로 경험하던 불안은 현실불안에 가깝다. 과거의 불안은 주로 생존과 관련된 자연환경으로, 대상이 명확했고, 그것을 극복할 방안에 대한 실질적 기대도 있었다. 과거의 불안은 두려움에 가까운 것이었고 문명이 발달하고 대상을 극복할 만한 수단이 생기면서 점점 극복할 수 있었다. 프로이트는 《문명 속의 불만》에서 문명이란 자연이 주는 두려움과 고통을 극복하기 위해 인간이 만들어낸 것으로, '불'이 문명을 잘 상징한다고 설명한다. '불'은 인간에게 많은 편의와 자연을 정복하는 힘을 주었다. 불 덕분에 인간은 현실불안을 많이 줄이고 자연의 지배자가 될 수 있었다.

[*]   제럴드 코리, 《심리 상담과 치료의 이론과 실제》, 67쪽 참조.

하지만 현대인이 마주한 불안은 무엇에서 기인하는 지도 설명하기 힘들고, 은밀하게 작동하면서 만성적이다. 신경증불안이나 도덕불안은 과거의 원초적 불안보다 우리에게 훨씬 지배적으로 작용하며 이것은 세계적 현상이다.[*] 과학기술의 발달에 따라 불확실성과 자연의 위협은 많이 감소했지만, 정보의 홍수 속에 사는 현대인들은 역설적으로 원인을 알 수 없는 더 큰 불안을 느끼며 살고 있다. 신경증불안이 확산되고 구조화되는 원인은 무엇일까? 자연과 관계에서 주로 공포(불안)를 느꼈던 원시인들과 달리 현대인들은 사회, 즉 인간과 관계에서 불안을 느낀다. 인간과 인간의 관계가 더불어 살아가는 공동체에서 개인화된 경쟁 구도로 바뀌면서 불안도 증가한다. 혈연이나 지역으로 맺어진 유기적이고 본원적인 전통사회 관계에서 이익과 목적을 중심으로 한 관계로 변하고 있다. 독일의 사회학자 퇴니에스Ferdinand Tönnies의 말처럼 게마인샤프트Gemeinschaft에서 게젤샤프트Gesellschaft로 바뀌면서 인간관계에서 느끼는 소외와 불안도 증가한다. '공동사회'로 번역되는 게마인샤프트는 감정을 나누고 인격적으로 관계

---

[*] 철학자 아르네 그뢴은 저서 《불안과 함께 살아가기》(2016)에서 불안이 20세기 심리학은 물론 문학과 철학에서도 두드러지게 부각된 주제였다고 말한다. 나아가 이전보다 불안을 강렬하게 체험하는 것 자체가 현대의 고유한 특징이라고 보았다.

를 맺는 자연공동체에 가까운 것으로 친구, 친족, 종교 등에서 볼 수 있다. 게젤샤프트는 특정 목적과 이익을 위한 선택적 의지를 통해 모인 결합체로 회사 같은 것이 전형이다. 사회가 발전할수록 게마인샤프트적 관계의 중요성이 커지고 이에 따라 불안심리가 발생한다. 공동체 관계가 개인에게 힘을 주고 보호막이 되기보다 경쟁에서 배제당한 개인에게 좌절감을 주는 경우가 많기 때문이다.

그 결과 사회 속에서 오히려 낙오자가 되지 않을까 두려워하며, 스트레스 대응력이나 정신적 힘이 약해진다. 기술의 발전과 물질적 풍요로 물리적 여건은 향상되었지만 여전히 불안에 시달리고 이전과는 다른 불확실성이 더욱 커지는 현상을 목격하고 있다. 새롭게 발생하는 질병(전염병), 경기침체, 실업, 안전, 환경 문제가 우리를 괴롭힌다. 하지만 더 근원적인 문제는 사회심리 요인이다. 이는 실제 위험보다는 불안을 과대하게 느끼게 하고, 보이지 않지만 큰 심리적 고통을 주면서 원인도 알 수 없는 무엇이다. 현대인의 삶을 이해하려면 불안을 심층적·구조적 차원에서 봐야 한다. 소비사회, 경쟁사회, 물질만능사회가 계속해서 불안한 개인을 생산하기 때문이다. 불안은 자극 반응이 아니라 내적 작용이기 때문에 개인마다 양상이 다르고, 아무 문제가 없어 보여도 불안에 시달릴 수 있다. 우린 개인적 의미의 불안장애가 아니라 구조적인 사회적 불안을 살펴봐야 한다.

환상이 무너지고 있는 한국사회

불안을 낳는 상황 요인은 대체로 보편적이다. 앞선 통계에서 가장 큰 불안 요소로 신종 질병을 꼽은 사람이 급증한 것은 2020년 이후 코로나가 세계적으로 창궐한 보편적인 상황 요인에 의한 것이다. 원래 심리학이나 정신의학이 말하는 불안은 특정한 상황이 자신을 위협한다는 데서 오는 두려움, 긴장, 근심 같은 주관적 감정이다.* 이것은 정신분석이 분류하는 현실불안에 가깝다. 철학자 레나타 살레츨은 《불안들》에서 오늘날 우리가 경험하는 불안의 직접 원인이 발생하게 된 계기는 9·11 테러와 바이러스의 출현이라고 지적한다.** 하지만 현실불안은 오히려 시간이 지나면서 익숙해지고 극복이 쉽다. 사람은 그 본성상 환경이 나빠도 적응하면서 살 수 있는 존재이기 때문이다.

하지만 오늘날의 불안은 공포나 두려움과는 다른 차원의 것이다. 오늘날에는 불안을 낳는 상황 요인보다 불안 심리를 항구화하는 내적 구조가 더 중요하며, 환상fantasy의 붕괴에 주목해야 한다. 사회적 불안이 증가하는 것은 우리를 보호해주는 환상의 보호막이 점점 사라지기 때문이다.

---

*   홍영오 외, 「한국사회의 사회적 불안에 관한 연구」, 2006, 131쪽 참조.

** 레나타 살레츨, 《불안들》, 24쪽 참조. 코로나 블루는 전형적인 현실 불안의 예다.

불안은 상황에 대한 직접 반응이라기보다는 그것을 받아들이지 못하는 심리와 정서에 가깝다. 아무리 끔찍하고 무서운 상황일지라도 적절한 거리를 두고 지켜볼 수 있으면 인간은 이를 즐길 수 있다. 예컨대 미국 액션 영화에서는 길거리에서 총기를 난사해 사람이 죽고, 자동차를 몰고 도심을 사납게 질주하면서 폭탄이 터지는 등의 상황이 자주 묘사된다. 이런 영화를 보고 미국사회가 실제로 저렇다고 믿는다면 보는 사람의 불안과 공포심이 극도로 커질 것이다. 그러나 우리는 영화 속 폭력은 실제 현실이 아니라 만들어진 가상이라는 것을 알기에 이런 끔직한 현실을 즐길 수 있다. 최근 해외에서 엄청난 인기를 끄는 K-드라마, 특히 〈킹덤〉, 〈지금 우리 학교는〉과 같은 K-좀비물도 마찬가지다. 바이러스나 생물학적 감염으로 사람들이 죽거나 괴물로 변하는 설정은 재난영화의 단골 메뉴인데, 그것이 철저하게 영화 속 현실로 머물 때, 즉 환상의 보호막이 존재할 때는 아무런 트라우마 없이 즐길 수 있다.

그런데 만약 영화에서나 볼 법한 일이 현실에서 재현되면 환상과 실제의 경계가 무너질 수 있다. 이것의 전형적인 예가 9·11 테러다. 9·11은 영화에서나 볼 수 있었던 미국 본토에 대한 공격이 처음 일어났다는 점에서 사람들에게 큰 충격과 트라우마를 안겼다. 제2차 세계대전 말기 일본이 태평양의 진주만을 침공한 것 외에 미국 본토가 적의 공격이나 테러의 대상이 된 적은 한 번도 없었는데, 역사상 처음으로 미국의 뉴욕 한복판에서 대규모 테러가 일어난 것이다. 이제 미국 도심에서 발생하는 테러는 단순한 영화의 소재가 아니라 현실이 될 수 있는 사건이 되었다. 2013년에 개봉한 〈화이트하우스 다운〉처럼 미국 대통령이 거주하는 백악관이 테러를 당하거나 점령당하는 영화도 많이 등장했다.

우리나라에서는 2013년 치사율 거의 100%인 바이러스에 감염된 사람들이 격리되어 죽어가는 것을 다룬 영화 〈감기〉가 개봉했는데, 당시에는 영화의 설정이나 갈등 상황이 과장되고 치밀하지 못하다는 평을 받았다. 그러나 코로나가 전 세계로 퍼지면서 이 영화가 새삼 주목을 받았다. 영화처럼 모두 마스크를 쓰고 생활하며 코로나에 감염된 사람들을 두려워하며 살아가는 일상이 재연되었기 때문이다.

이처럼 오늘날에는 불안을 일으키는 상황이 아니라 그 상황에 거리를 두고 이를 상상의 장면으로 즐길 수 있게 보호해주는 환상의 작동 여부가 중요하다. 환상의 대상이 실제가 되고, 바이러스 재난처럼 상상 속에서 가능했던 일이 삶에 직접 침투하기 시작하면 우리는 그것이 주는 충격을 감당하기 힘들다. 그런데 한국은 우리를 보호해주는 환상의 붕괴가 갑작스럽고 폭력적으로 일어나는 사회다. 예를 들어 1997년 IMF 사태가 벌어지면서 꾸준히 성장하던 한국이 하루아침에 국가부도를 내고 빚투성이 불량국가(?)로 전락했다. 사람들은 평생 자신을 지켜줄 것 같던 직장을 잃고, 그 여파로 가족이 해체되거나 자살하는 사람이 많이 생겼다. 각자도생 시대가 시작된 것이다. 또 2003년에는 대구의 지하철에서 방화가 일어나 192명, 2016년에는 세월호가 침몰하여 수학여행을 가던 고등학생들을 포함해 304명이 사망하기도 했다. 이런 식으로 재난영화에서나 볼 만한 극적이고, 끔찍한 일이 자주 반복되면서 우리를 지켜주는 환상의 보호막이 깨지고 있다. 경쟁과 서열을 중시하는 우리 문화도 환상의 빠른 붕괴에 영향을 미친다. 최근 K-영화가 재난을 자주 다루고, 좀비 같은 괴물과 싸우는 장면이 많아진 것도 한국사회의 불안과 위태로움이 반영된 것이라 할 수 있다. 우리가 감당하기 힘든 상황에 직접 노출되는 일이 잦아졌기 때문이다.

정신분석가 자크 라캉Jaques Lacan에 따르면 환상은 주체가 감당하기 힘든 외상적 장면이나 거세를 감추는 일종의 방어행동*으로 우리를 보호하는 기능을 한다. 정신분석에 따르면 꿈, 백일몽, 착각, 중얼거림처럼 현실의 상처나 공포를 차단해주고 주체가 감당할 수 있도록 의식적·무

---

* 딜런 에반스, 《라깡 정신분석 사전》 중 '환상'에 대한 설명, 436~437쪽 참조.

영화 〈감기〉 포스터(2013)

바이러스 재난에 대한 상상을 다룬 영화

2013년에 개봉한 〈감기〉는 가상의 바이러스를 소재로 한 영화였으나 코로나 펜데믹 시대가 도래하면서 영화 속 장면들이 현실이 되었다.

의식적으로 구성하는 보호막이 환상이다. 환상의 붕괴가 오늘날 불안을 가중시키는 가장 큰 요인이며, 그런 까닭에 환상의 붕괴가 갑작스럽게 일어나는 한국은 다른 어느 나라보다 신경증불안이 만연하기 쉬운 환경이다.

헬조선에서 불안사회로 가는 한국

우리나라의 신경증불안은 심각한 상황이다. 물론 현실불안과 신경증불안이 뒤섞여 나타나지만, 심리 요인이 더 강한 신경증불안이 훨씬 더 많이 나타난다. 경제·사회적 지표가 선진국 수준임에도 비슷한 지표를 가진 다른 나라에 비해 불행한 감정, 자살 욕구 같은 주관적 불안 감정이 더 심각한 데서도 이를 알 수 있다.

신경증불안은 뚜렷한 원인이나 대상이 있어서 발생한다기보다는 우리 마음의 내적 갈등과 모순 때문에 발생한다. 마음의 내적 구조를 이드id, 자아ego, 초자아super-ego로 나누어 설명한 프로이트는 세 기관이 서로 다투는 데서 좌절, 두려움, 죄책감 같은 무의식적 감정이 발생한다고 말한다. 이 무의식적 감정이 바로 '정동affect'인데, 불안은 대표적인 정동이다. 프로이트의 정신분석학은 마음의 구조를 서로 갈등하는 역동적 모델로 정의하면서 신경증이 우리의 일반적 마음 구조라고 설명한다. 이드, 자아, 초자아는 서로 어우러지면서 우리의 인격을 형성하지만 주도권을 갖기 위해 끊임없이 다툰다. 이 과정에서 여러 종류의 신경증 현상, 즉 강박증, 우울감, 공격성, 히스테리 등이 발생한다. 역동적 정신 구조 모델에서 볼 때 이드는 절대만족을 추구하며 쌓여 있는 긴장을 발산하려는 '쾌락원리 principle of pleasure'를 따른다. 그러나 현실의 여러 제약을 고려하는 자아와 사회적 요구를 대변하는 초자아는 이것을 억누를 수밖에 없기에 이드, 자아, 초자아 사이의 갈등과 억압은 필연적이다.

자아가 불안을 느끼는 것은 도덕 형태로 강요되는 초자아의 요구를 수용하면서도 동시에 이드의 강력한 욕망에도 어느 정도 끌리고 동조하기 때문이다. 보통 신경증불안을 이드의 충동을 잘 조절하지 못해 처벌받지 않을까 하는 두려움으로 해석하지만* 자아의 무의식적 욕망 때문에 발생한다고 말하는 것이 더 정확하다. 프로이트에 따르면 자아는 이드로부터 발생한 것이며, 이드를 통제하고 억압하기보다는 이드에 무의식적으로 동조하고 도와주는 속성을 갖는다. 신경증불안은 초자아로부터 처벌받지 않을까

---

* 김춘경의 《상담학 사전》의 '신경증적 불안' 항목에서는 신경증불안을 '이드 속에 포함된 억압된 욕구나 충동, 특히 성적 충동이나 공격적 충동을 자아가 적질하게 통제하고 조절하지 못해 처벌받을 행위를 하게 되지 않을까 하는 불안'이라고 설명하고 있다.

하는 두려움이라기보다는 이드에 동조하는 자아가 초자아에 대해 갖는 죄책감이나 이와 연관된 복합적 심리라 할 수 있다. 따라서 이드와 자아의 욕망을 부추기면서도 그것에 죄책감을 주는 초자아가 무엇인지 규명해야 신경증불안의 원인을 정확하게 이해할 수 있다. 초자아는 양심처럼 억제하고 처벌하는 인격의 부분이면서 부, 명예, 권력 등 자아가 좇는 사회적 이상을 대변하는 모든 것이다.

한국은 교육과 취업에서 나타나듯 치열한 경쟁사회로, 다른 나라보다 남을 많이 의식하면서 끊임없이 비교하는 우월문화가 지배적이다. 이런 상황에서는 삶의 물질적·환경적 조건이 나아져도 타인과 비교하며 스스로가 스스로를 착취하다가 고갈되는 심리 구조가 지속될 수밖에 없다. OECD 국가 중 늘 자살률이 높고 삶의 만족도가 낮으며 정신질환·정신장애가 증가하는 현실이 이를 보여주는 지표라 할 수 있다. 한마디로 한국사회는 사회적 이상을 강요하고 죄책감을 유발하는 초자아가 다른 선진국보다 강한 사회다.

한때 '헬조선'이라는 말이 유행한 적이 있다. '헬조선'이라는 단어는 2010년 1월 디시인사이드의 역사 갤러리에 처음 등장했다고 한다.* 그들은 "한국은 지옥에 가까

---

*   위키백과 '헬조선' 항목 참조.

울 정도로 전혀 희망이 없는 사회"라는 의미에서 '헬조선'을 주장했다. '헬조선'은 일상적인 단어가 되었고 국회에서도 언급되었다. 헬조선의 상황을 보여주는 영화, 드라마, 책이 줄줄이 나오기도 했다. 헬조선은 일반적으로 '삶의 조건이나 상황이 너무 열악하고, 행복이 보장되지 않는 사회'라는 의미로 이해된다.

이제 '헬조선'이라는 말은 많이 사용되지는 않지만, 우리 사회가 여전히 고질적인 문제나 내재적 모순 때문에 살기 힘들다는 것에는 동의할 것이다. 최근 〈오징어게임〉과 〈지금 우리 학교는〉 같은 드라마가 세계적으로 각광받고 있는데, 이러한 인기에는 팬데믹과 더불어 폭발하고 있는 우리 사회의 문제들을 솔직하고 냉정하게 묘사한 점도 크게 작용하고 있다. 좀비물이나 생존 게임처럼, 서로가 적이 되어 살아남기 위해 서로를 속이고 제거해야 하는 극한 상황에서 생존하는 이야기를 담고 있는 것은 불안과 관련해 시사하는 바가 크다.

모두를 경쟁시켜 1등만 남기고 생산성만 중시하며 가치를 획일화하는 시장 논리를 숭상하며, 개인이 지닌 고유한 가치를 비교 가능한 물질적 지표로 환원하면서 삶의 양식을 획일화하는 신자유주의 가치관이 한국에 너무 팽배해 있다. 〈오징어게임〉이나 〈지금 우리 학교는〉 등의 드라마는 한국사회의 실태를 통해 세계인의 불안을 소환하고 문제화하기에 공감을 일으킨다. 우울증의 증가와 높은 자살률은 이런 상황에서 필연적으로 발생하는 사회병리의 표현이다. 이는 한국인의 기질적인 정신병리가 아니라 불안 한국의 반영이다.

이탈리아의 마르크스주의자이자 미디어 활동가인 프랑코 비포 베라르디Franco Bifo Berardi는 저서 《죽음의 스펙터클》에서 한국의 자살 풍조에 대한(곧 불안에 대한) 분석을 내놓는다. 그는 한국의 자살 풍조가 근대사의 경험으로부터 비롯된 것이라 말한다. 한국은 두 세대 전까지만 해도 극심한 가난과 기아를 빈번하게 경험했으나 단 두 세대 만에 서구의 선진국과 엇비슷한 부와 소비 수준에 도달했다. 이러한 극적인 발전에는 일상의 사막화, 리듬의 과잉과속hyper-acceleration, 생애의 극단적 개인화, 걷잡을 수 없는 노동시장에서의 경쟁이라는 대가가 따랐다. 또 현재 젊은이들 사이에 불안전성이 확산되고 있다고 말했다.[*] 경쟁에서 패한 개인들은 스스로를 루저로 여기면서 학대하기 쉽다.

사회 변화와 배제를 당연하게 생각하는 경쟁의 일상화와 개인주의의 심화가 각자도생의 문화를 만들면서 개인은 심리적 버팀목을 잃고 불안에 시달린다. 한국은 단순

[*]　프랑코 비포 베라르디, 《죽음의 스펙터클》, 238~239쪽 참조.

한 경쟁사회가 아니라 신자유주의 가치관과 삶의 방식이 다른 어느 나라보다 빠르게 침투한 소비사회이기도 하다. 소비사회에서는 사회가 부풀린 과도한 욕망이 범람하고 개인이 자기 개성과 행복을 물질을 통해서만 만들고 확인할 수 있다는 왜곡된 신념이 확산된다.

한국에서는 나의 고유한 행복을 찾기보다 사회가 내세우는 기준을 끊임없이 따라가고, 자신의 개성과 소질을 사회의 기준에 맞추어 계발하면서 행복을 가시화하려고 한다. 이런 사회에서는 불안이 만성화될 수밖에 없다. 《불안》의 작가 알랭 드 보통도 인간은 '세상에서 자신이 차지하는 자리' 때문에 늘 불안해한다고 말한다. 자신의 존재감을 잃고 타인에게 뒤처지지 않을까 두려워한다. 남들에게 보이는 자리를 통해 자신의 존재감을 확인하려는 것은 고유한 가치가 아니라 시장에서 비교되는 교환가치를 절대시하면서 양적 척도로 모든 것을 평가하는 소비사회 논리에 따른 행위다. 과거보다 절대적·실제적 궁핍은 줄었지만 궁핍한 상황에 대한 감정인 궁핍감과 공포는 늘어난 것이다.* 시장에서는 끊임없이 새로운 상품이 순환되고 비교되며, 상품의 고유성보다는 상품에 부여된 기호가치를 절대시한다. 시장질서를 당연시하는 사회에서는 인간관계

---

* 알랭 드 보통, 《불안》, 55쪽 참조.

역시 가치의 우열을 당연시하는 상품 순환의 질서에 편입
되며, 자신의 존재를 상품처럼 만들면서 변질되기 쉽다.

개인이 고갈되는 사회

불안사회는 개인을 파탄시킨다. 최근 '번아웃증후군
burnout syndrome'을 줄인 '번아웃'이라는 말이 일상적으
로 사용되고 실제로 번아웃 증상을 호소하는 사람이 많다.
번아웃증후군이란 일에 의욕적으로 몰두하던 사람이 극도
의 신체적·정신적 피로감을 호소하며 무기력해지는 현상
이다. 여기에 무기력, 짜증, 두통, 우울감 같은 정신적 에너
지를 잃어버리는 증상도 동반되면서 삶에 회의를 느끼게
된다. 번아웃은 특별한 정신질환이 없는 사람에게 많이 나
타난다. 번아웃이야말로 한국과 같은 불안사회의 대표적
인 증상이라고 할 수 있다. 번아웃증후군은 직접적인 원인
을 밝히기 어렵고, 원인을 알아도 벗어나기가 쉽지 않다.
삶이 풍요롭고 활기차 보이는 사회지만 그 속에서 살아가
는 사람은 실은 지쳐가고 있는 것으로, 이 가운데 발생하
는 번아웃이야말로 불안사회의 표식이라 할 수 있다.

번아웃은 소비사회가 강요한 허구적인 성과 이데올
로기를 당연하게 수용하는 자기 착취적 자아의 붕괴다.
2020년 11월 10~16일 동안 취업 플랫폼 잡코리아와 아르

바이트 플랫폼 알바몬이 취준생 1,788명을 대상으로 설문조사를 실시한 결과, 취준생의 92.8%가 취업 준비에 조바심을 느끼며, 32.8%는 강박감 수준의 심한 조바심을 느낀다고 답했다. 취준생들이 중시하는 스펙은 직무 경험, 어학 점수, 실무 관련 자격증 순이었다. 그러나 스펙을 쌓는다고 해도 취업이 된다는 확신은 없으며, 취업에 대한 압박감과 불안에 쫓기면서 도움이 될 만한 스펙을 한 줄이라도 늘리기 위해 매달린다. 이러한 '자기계발' 과정은 취업 후에도 무한히 반복된다.

중고등학생들에게는 대학 입학이 유일한 삶의 목표라며 학원을 다니고 인강을 들으며 수험 준비에 몰두하게 만든다. 대학에 들어오면 대학 생활을 즐기기보다는 취업에 대한 불안 때문에 학점 관리, 어학·직무 자격증, 대외활동 등 다양한 스펙 쌓기에 몰두한다. 은퇴 후에도 안정된 삶을 누리지 못하고, 제2, 제3의 인생을 살기 위해 고군분투해야 한다. '임시 계약직 노인'을 줄인 '임계장'이라는 말이 생길 정도다. 높은 노인자살률이나 삶의 만족도 저하는 이런 현실과 관련이 깊다. 한마디로 개인이 고갈되고 있는 사회가 한국사회다. 최근에는 젠더 갈등, 세대 갈등, 종교 갈등 같은 갈등이 늘어나는 것도 이런 분위기와 연관이 있다고 할 수 있다.

'이대남 현상'도 번아웃과 관련이 있다. 이른바 20대

남자들은 절차적 공정에 유달리 민감하고, 기성정치와 이념, 특히 페미니즘과 진보에 적대적이다. 같은 20대라도 성별에 따라 사회적 사안에 대한 생각이 다르거나 대립할 때가 많으며, 특히 20대 남자들이 실체 없는 여성 우대 정책에 희생됐다며 그 불만을 여성들에게 쏟는 경우가 많다. 왜 이런 현상이 일어난 것일까? 실제로 남성의 박탈감을 인정하면서 페미니즘 같은 특정 이념이나 소수자 우대 정책 때문에 이대남 현상이 생긴다고 분석하기도 하지만, 이는 불안사회의 왜곡된 한 단면이다. 갈수록 취업이 어려워지고 부동산 가격이 폭등하는 현실 때문에 미래에 대한 청년들의 두려움이 커지는 것도 사실이지만, 심리 상태가 더 중요하다. 상위 대학에 입학하지 못하거나 직장을 갖지 못한 사람들을 패배자로 낙인찍고 비난하는 사회에서 낙오되었다고 느낄 수밖에 없는 사람들은 원인 제공자를 찾으려는 심리가 만연해진다. 이런 가운데 여성의 사회 진출이 활발해졌고 수능·학점·공시·고시 등의 시험에서 여성이 남성보다 높은 성적을 보이자 상대적 박탈감과 불안심리가 위기감으로 표출되었다. 혐오나 절차적 공정성에 과도하게 집착하는 것은 불안심리에 대한 방어 작용이라 할 수 있다.

이대남 현상은 '모방적 욕망mimetic desire 이론'을 통해 설명할 수 있다. 프랑스의 인류학자이자 모방적 욕망 이론으로 유명한 르네 지라르René Girard는 인간은 타자의 욕망을 보고 욕망을 배우며 모방 때문에 서로 갈등한다고 주장한다. 그는 우리의 욕망은 모방적이기에 서로 닮아 있으며, 욕망이 만나면 서로에게 전염되거나 피해만 주는 대결 구조를 이루게 된다고 보았다. 이렇게 욕망은 스캔들이 되고, 증폭·집중된 스캔들은 그 사회를 위기에 빠뜨린다. 이렇게 발생한 위기가 점점 격화되어 절정에 이르면 집단 전체의 폭력이 한 사람의 희생양에게 집중되는데, 이러한 현상을 '고정농양'이라고 한다. 희생양이 된 개인이나 집단에게 사회적 폭력을 가함으로써 사적 폭력은 진정되고 와해되었던 집단의 질서가 되살아난다.[*]

타자는 내게 욕망을 가르쳐주는 모델 역할을 하지만, 사회에 자원이 한정된 탓에 경쟁이 발생하면 타자를 미워하며 집단폭력을 행사하는 현상이 발생한다. 지라르에 따르면 모방적 욕망은 상호 폭력을 불러일으키는데, 이러한 폭력성이 개인에게서 개인으로 전파되면서 집단 갈등을 부른다. 이런 위기를 해소하기 위해 인간은 필연적으로 희생양을 찾는다. 모방에서 비롯되는 폭력은 '희생적 폭력'을 통해서만 해소될 수 있기 때문이다. 페미니즘에 대한 적대감이나 기득권에 대한 불만을 표출하는 이대남 현상도 모방적 욕망의 충돌을 완화시킨다면 해결책을 찾을 수

---

[*]　르네 지라르, 《나는 사탄이 번개처럼 떨어지는 것을 본다》 참조.

있을 것이다. 혐오나 공격은 욕망의 좌절에서 비롯된다. 그런 부정 에너지가 내부로 향하면 우울감과 불안이 생기며, 심해지면 자기나 상대에게 파괴적으로 작용하기도 한다. 이러한 맥락에서 번아웃도 과도한 업무에서 비롯되는 피로나 스트레스가 아니라 타자의 욕망이 강하게 지배하는 한국사회에서 진정한 자아를 찾지 못하고 욕망을 맹목적으로 추구하는 과정에서 발생하는 불안 현상의 하나라 할 수 있다.

치료에 대하여

불안과 불안장애

불안은 정서, 인지, 생리 모두에 원인이 있으며 신체와 정신과 우리 행동 전체에 영향을 미친다. 불안은 특정한 질병이라기보다 정신과 신체가 만나는 장소라고 할 수 있다.* 불안을 단순히 뇌의 문제 때문에 발생하는 질환으로 간주해 생물학적 방식으로만 치료할 수 없는 것은 불안이 몸과 마음 둘 다에 작용하는 특별한 체험이면서 객관적으로 기술하기 어려운 주관적 고통이기 때문이다. 1·2장에서 불안에 대한 기존 의학적 관점을 비판한 이유는 불안을 실체화하면서 여러 증상에 너무 주목하여 불안의 본질을 제대로 이해하지 못하기 때문이다. 정신의학에서는 주요 증상이 보통 6개월 이상 지속될 때 불안장애로 진단한다. 다음은 대한불안의학회가 2006년 한국인 1,000명을 대상으로 불안 관련 증상을 조사한 내용 중 가장 흔하게 나타나는 10가지 불안 증상을 정리한 것이다.

1. 자주 소화가 잘 안 되고 뱃속이 불편하다. (49%)
2. 어지러움(현기증)을 느낀다. (44%)
3. 가끔씩 심장이 두근거리고, 빨리 뛴다. (41%)
4. 가끔씩 몸이 저리고 쑤시며, 감각이 마비된 느낌을

---

*   앨런 호위츠, 앞의 책 참조.

받는다. (36%)

5. 신경이 과민하다. (36%)

6. 침착하지 못하다. (33%)

7. 흥분된 느낌을 받는다. (32%)

8. 편안하게 쉴 수가 없다. (31%)

9. 자주 얼굴이 붉어지곤 한다. (31%)

10. 매우 나쁜 일이 일어날 것 같은 두려움을 느낀다.
    (27%)*

위의 증상은 불안과 연관성이 있고, 의학적 관점에서 개입이 필요한 불안장애라고 규정할 수 있다. 그러나 이런 증상을 바탕으로 한 진단을 통해 불안 자체가 무엇인지 밝혀내고 근본 원인을 제거하는 치료는 생각만큼 쉽지 않다. 불안은 겉으로 드러난 증상 이상의 것이기 때문이다. 우리는 불안을 정신의학에서 말하는 불안장애보다 광범하고 심층적으로 작동하는 심리 상태로 규정하면서 치료를 이야기해야 한다. 광범하다는 것은 우울증, 공황장애, 강박장애, 사회불안 같은 전형적인 불안 증상뿐 아니라 일상에서 알게 모르게 경험하는 다양한 형태의 정서와 무의식에도 주목하면서 우리 삶과 관련해 불안의 이중성을 제대로 이해해야

*　권준수 외, 「2006 한국인의 불안 : 불안 리서치 결과 보고」, 2006.

한다는 말이다. 불안은 병리적 증상처럼 표현되기도 하지만 키르케고르가 말한 것처럼 인간의 이중성과 자유 가능성을 보여주는 실존의 징표이기도 하다. 실존의 징표란 인간에게서 떼려야 뗄 수 없는 본질이라는 말이다. 마치 물고기가 물을 벗어나 생존하기 힘든 것처럼 우리도 불안 속에서 고통을 느끼면서 불안과의 연관 속에서만 존재를 발견할 수 있다. 그러므로 불안을 잘 이해하면서 욕망과 관련해 그것의 긍정적 힘을 살펴야 한다. 불안은 불안장애 이상이다.

의학적 치료

불안의 일상적 의미와 불안에 대한 긍정적 태도를 강조한다고 여러 형태의 불안장애를 부정하거나 약물치료 무용론을 말하는 것은 아니다. 다만 불안을 불안장애와 동일한 것으로 한정하지 말고 더 근본적인 내면의 상태에 초점을 맞춰서 이해해야 한다는 것이다. DSM을 통한 불안장애나 우울장애 자가 진단이 인터넷 등에서도 가능하다 보니, 불안을 전형적인 정신장애로 여겨 약물로 다스릴 수 있다고 믿는 대중적 인식도 확산되고 있다. 그러나 우리가 불안에 대해 말할 때는 관찰 가능한 증상보다는 주체가 느끼는 기분, 정서, 인지를 종합해 불안을 이해하고, 불안을 내 삶의 부분으로 수용하면서 에너지로 활용하는 것이 중요하다.

정신의학 관점에서는 아무래도 생리학적 차원(특히 뇌의 문제)의 진단과 치료를 우선시한다. 예를 들어 갑작스러운 공포나 신체 불편을 동반하는 공황발작이 반복될 때 항우울제나 항불안제를 통해 통제하기 힘든 신체 반응을 완화해주고 진정할 수 있게 돕는 것이다. 의학 치료의 하나인 전기충격치료ECT, Electro Convulsive Therapy는 정신의학적 치료의 기본원리를 잘 보여준다. 전기충격치료란 약물치료에 반응이 없거나 임신처럼 약물치료가 불가능한 상황에서 우울증, 강박증, 정신분열증을 심하게 앓는 환자에게 미세한 전기 자극을 주어 뉴런을 활성화시켜 증상을 완화하는 방법이다. 전기충격치료는 우연히 발견되었는데, 전기 자극으로 인위적 뇌전증(간질)을 유발하면 우울 증상이 호전되는 현상이 관찰된 뒤로 심한 우울증이나 조현병 증상을 보이는 사람에게 쓰기 시작했다. 1985년 《미국의학회지The Journal of the American Medical Association》에 "심한 우울증의 단기 치료에 전기충격치료만큼 효과적인 것은 없다"는 미국 국립보건원의 보고서가 실렸다.* 현재 미국에서는 매년 10만 명이 전기충격치료를 받는다고 한다. 그러나 여전히 전기치료에 대한 부정적인 인상이 대중에게 남아 있으며, 기억상실 같은 부작용도

* 하지현, 《정신의학의 탄생》 참조.

실제로 있다고 한다.

다음으로 약물치료는 오늘날 정신의학에서 가장 광범하고 권장하는 치료법이며, 특히 망상, 착란, 기질적 우울증 치료와 증상 완화에 효과가 있다. 약물치료는 근대 의학과 생리학의 산물이다. 1949년 통풍 치료를 위해 요산을 녹이는 데 사용하던 리튬lithium이라는 금속 물질을 조증mania 환자에게 주사한 결과 증상이 완화되는 효과를 얻었다. 1950년대 미국 월리스Wallace연구소는 '밀타운Miltown'이라는 항불안제를 개발했는데 폭발적 인기를 끌었다. 시장에 소개되고 1년이 지나자 미국 인구의 5퍼센트가 이 약물을 복용했고, 매출이 200만 달러가 넘었다고 한다.* 1975년에는 유명한 우울증 치료제 '프로작prozac'이 출시된다. 프로작은 인간의 감정을 조절하는 신경전달물질인 세로토닌serotonin을 증가시켜 우울 증상이나 부정 정서를 완화시킨다. 정신의학이 발전하고 다국적 제약회사가 개발한 항정신성 약물이 신속한 효과도 거두면서 이제 사람들은 약물을 통해 우울에서 벗어나 기쁨을 얻을 수 있게 되었다고 믿는다. 실제로 항불안제antianxiety agent는 공포나 불안 경험을 줄이는 데 도움을 준다. 모노아민 산화효소 억제제MAOI, Monoamine Oxidase Inhibitor나 선택적

* 앨런 호위츠, 앞의 책 참조.

세로토닌 재흡수 억제제SSRI, Selective Serotonin Reuptake Inhibitor, 혹은 삼환계 항우울제 같은 항우울제는 우울 증상을 감소시키고 사람의 기분을 좋게 만든다고 한다.[*]

이러다 보니 정신장애는 약물로 충분히 치료할 수 있다는 확신이 확산되었다. 약물 복용이 늘어나면서 인생에서 자연스럽게 경험하는 슬픔, 우울, 권태, 불안을 질병처럼 생각하면서 결국 정신장애로 진단받는 경우가 이전 시기보다 폭발적으로 늘어나게 된다. 《만들어진 우울증》의 저자 크리스토퍼 레인Christopher Lane은 DSM 시리즈가 대중화되고 이를 지지하는 제약회사의 규모가 커지면서 약물치료가 여러 형태로 권장되고, 지나치게 많은 영역이 정신질환의 영역으로 편입되어 약물치료의 대상으로 전락했다고 비판한다. 미국정신의학협회가 일상적 두려움들을 묶어 이제껏 간과해온 장애 요소라고 선언함으로써, 이를 겪고 있는 사람들을 환자 집단으로 정의하고 그들이 겪는 괴로움에 새로운 형식을 부여했다고 본다. 이러한 선언은 정신의학 연구자, 정신건강 전문가, 제약업계에 새로운 치료법을 찾아내라는 신호가 되었다.[**]

정신질환을 부작용 없는 약으로 치료할 수 있다는 의

[*]   대니얼 L. 샥터 외, 앞의 책 참조.

[**]   크리스토퍼 레인, 《만들어진 우울증》 참조.

학 담론이 영향력을 떨치면서 모든 사람에게 통용될 수 있는 약물치료가 정신의학 접근 방법의 대세가 되고 있다. 개인이 고유하게 경험하는 갈등과 무의식적 억압에서 정신장애의 원인을 찾는 정신분석이나 인간의 의지나 자아실현을 강조하는 인본주의적 해결 방법을 멀리하고 정신장애를 약물로 손쉽고 빠르게 치료하려고 한다. 그렇게 오늘날은 전 세계에서 6명 중 1명이 향정신성 약물을 복용하는 정신약물학 시대가 되었다. 신경생리학적 담론과 정신의학적 접근방법이 확대될수록 일상에서 자연스럽게 경험하는 여러 정서 현상이 정신질환에 포함되고, 이를 겪는 사람이 잠재적 치료 대상자로 전락해가는 것은 과잉된 질병화를 야기한다. 삶에서 당연한 다양한 정서 현상을 겪는다는 이유로 정신장애자로 진단될 수 있는 것이다. 우리의 삶과 정서를 존중하며 제대로 살기 위해서라도 일상과 장애의 엄격한 구분을 벗어나야 한다.

의학적 관점 비판과 개별 인간 중심 치료

정신질환을 증상 중심으로 실체화하면서 의학 관점에서 단정하는 치료는 위에서 보듯 위험하다. 의학 관점에서는 뇌의 생리학적 문제에서 정신장애의 원인을 찾으면서 이를 교정할 수 있다고 생각한다. 미국 국립정신건강연구소 토머스 인셀Thomas Insel이 말한 것처럼 의학은 정신 질환을 뇌에 생긴 기능이상으로 규정하고 끝내버리는 것이다.* 그러나 인간의 정신 문제는 원인이 여러 가지며, 그것이 전개되는 양상도 개인 차이가 크고 복합적이다. 더구나 불안은 철학자들도 지적하듯 객관적으로 진단이 가능한 질병이라기보다는 인간의 삶이나 본성과 관계된 본원적 정서에 가깝다. 실존철학자 하이데거는 불안이 인간의 근본 기분이라고 했으며, 정신분석학자 자크 라캉은 불안이 실제로 우리를 속이지 않는 유일한 정동이라고 하면서 불안을 중시했다. 속이지 않는다는 것은 눈에 보이지 않는 존재를 직접 느끼게 해주는 정서라는 것이다.

불안을 긍정적으로 살리려면 앞으로 정신건강 서비스에 인문학도 참여해야 한다. 설사 약물을 써서 중증 증상이 완화되고 고통이 해소된다고 해도, 삶에서 긍정적 힘을 발휘하면서 자기 운명의 주체로 서는 단계로 나아가려면 인문학의 개입이 필요하다. 삶의 의미와 목적을 강조하는 로고테라피logotherapy(의미치료), 나 자신을 알고 자기의 고유성을 실현하려고 노력하는 실존적 주체로 서도록 도와주는 철학치료, 무의식에 대한 통찰과 자기만의 욕망을 찾을 수 있도록 도와주는 정신분석 관점의 접근이 인문

---

* 　파울 페르하에허, 《우리는 왜 어른이 되지 못하는가》 참조.

학적 치료다. 한마디로 인문학적 치료란 주체의 의지를 강조하고 삶의 의미와 욕망을 활성화시키는 개인 중심 치료라 할 수 있다. 그것은 증상의 긍정에서 시작된다. 불안, 우울, 강박, 화병 상태에서 살다 보면 누구나 크고 작은 심리 갈등을 겪을 수밖에 없다. 인간은 생각하는 존재고 관계 속에서 살기 때문에 사회에서 필연적으로 갈등을 겪는데, 그것을 회피하기보다는 지혜롭게 대처하면서 삶의 의미를 놓치지 말아야 한다. 정신과 의사로 성공한 사람이자 나치의 유대인수용소에 끌려가 죽을 고비를 넘기고 살아 돌아온 빅터 프랭클Viktor Emil Frankl(1905~1997)은 자신의 경험을 토대로 로고테라피를 창시했다. 로고테라피에 따르면 인간은 끊임없이 삶의 의미에 대해 생각하고 그것을 찾기 위해 노력하는 존재다. 로고테라피에서 신경증을 앓고 있는지 판단하는 기준은 삶에 대한 의지가 있는지 여부다. 그는 심리치료가 성적 불만족보다는 존재의 불만족을 해결해야 한다고 말한다. 심리치료가 내 삶의 목표와 존재이유, 나의 구체적인 사명과 개인적인 소명에 대한 사람들의 갈망을 해결해야 한다는 것이다.*

아우슈비츠처럼 절망적 상황에서도 삶의 의미와 목표가 분명한 사람은 고통을 이겨낼 수 있지만, 그것이 없

* 빅터 프랭클, 《빅터 프랭클의 심리의 발견》 참조.

는 사람은 견뎌내지 못한다. 자살은 어떤 절망적 상황에 의해 촉발되는 것처럼 보이지만 많은 경우 삶의 의지와 욕망을 놓아버릴 때 발생한다. 더 이상 살아갈 이유를 찾지 못하면 죽음의 유혹에 이끌릴 수밖에 없는 것이 인간이다. 로고테라피 원리에 찬성하든 그렇지 않든 삶의 목표와 존재 의미를 중심에 두고 환자나 정신 문제가 있는 사람을 치료 주체로 세우라는 것은 새겨들을 만하다. 진정한 치유는 증상을 완화시키는 것이 아니라 개인이 삶의 주체로 설수 있도록 고무하고 돕는 것이기 때문이다.

거리를 두고 자기 자신을 대상처럼 바라보며 평가해 보는 것도 치료에서는 중요하다. 자신을 객관적으로 대하는 것인데, 상당한 훈련과 성찰이 필요한 일이다. 하이데거는 존재에 물음을 던질 줄 아는 현존재가 질문하는 것을 잃어버리고 맹목적으로 세인의 삶의 기준을 따라 살 때 느끼는 기분이 불안이라고 말했다. 현대인은 대부분 관성적 삶을 반복하고 있으며, 그러다 보니 자아도 삶에 매몰되어 점점 고유성을 잃어간다. 손에서 한순간도 휴대전화를 떼지 않고 들여다보며, 잠시 시간이 남으면 유튜브나 SNS를 보면서 삶에 대한 반성이나 성찰 없이 무의미하게 산다. 그러다 보면 사회가 강요하는 삶의 방식이나 가치관을 비판 없이 수용하고 신자유주의 삶의 방식을 따르면서 고갈되기 마련이다. 이런 상황에서는 강박, 우울 같은 여러 형태로 불안을 느낄 수밖에 없다.

의도적으로 자신을 관찰하고 자신과 대화하려고 노력해야 한다. 《우울의 심리학》의 저자 수 앳킨슨은 치료의 한 방편으로 일기 쓰기를 권장한다. 문득문득 떠오르는 생각, 감정을 한발 떨어져 관찰하면서 전지적 시점에서 목적의식적으로 글을 쓰다 보면 자신의 내면을 살필 수 있다. 정신분석이 이용하는 자유연상법이나 문학 치료의 글쓰기는 내면의 이야기를 끄집어내어 나를 괴롭히는 갈등이 무엇인지 이해하고, 이를 통해 본인의 문제를 정면으로 응시하여 해결하는 방법이다. 우리가 느끼는 무력감과 우울은 상황을 이해하지 못하거나 통제하지 못할 때 생긴다. 어떤 불안을 왜 안고 있는지 제대로 알지 못한 채 치료하기보다 나를 집요하게 붙드는 집착이나 갈등이 무엇인지 차분하게 들여다보는 훈련이 필요하다.

중요한 치료 원리는 반복을 권태나 타율적 강제가 아니라 능동적인 삶의 양상으로 승화시키는 것이다. 일상의 재발견이라 할 수 있다. 이를 위해 좋은 습관에 충실하기 위해 노력하면서 통제 가능한 삶의 리듬을 유지하는 것도 좋은 방법이다. 《예술하는 습관》을 쓴 메이슨 커리는 위대한 예술가들이 자유분방하게 살았을 것이라는 선입견과 달리 지독할 정도로 규칙적이고 성실하며 누구보다 습관을 엄격하게 유지했다고 말한다. 건강하게 일상을 유지하면서 창조적 성과를 내기 위해서도 예술가들의 이런 습관적 삶은 많은 참고가 된다. 들뢰즈Gilles Deleuze가 《차이와 반복》에서 강조하듯 반복은 똑같은 것을 재현하는 것 같지만 그것에 의미가 들어가는 순간 창조가 된다. 날마다 수동적으로 하는 반복이 무력감과 우울을 가져온다면, 내가 주체가 되어 삶을 지속하면서 무언가를 창조하기를 반복한다면 삶에 활력이 생길 수 있다. 어떤 의사가 우울증 환자에게 매일 같은 시간에 일어나고 하루 한 번 외출하라는 간단한 반복을 처방으로 내린 사례가 있다. 강박적 반복이 불안을 회피하기 위한 소극적 방어 작용이라면 창조적 반복은 의미와 자기 가치를 창출하는 계기라 할 수 있다. 삶의 에너지는 우리가 어떻게 전유하는지에 따라 파괴적으로 작용할 수도 있고, 창조적으로 발휘될 수도 있다. 무언가에 몰두하면서 에너지를 쏟을 때 우리는 그것에 에너지를 집중하면서 우울에서 벗어날 수 있다.

정신분석 치료

정신분석은 겉으로 드러난 행동이나 의식이 아니라 무의식에 초점이 맞춰질 뿐 개인을 대상으로 한다는 점에서 상담심리와 비슷하다. 하지만 개인의 본성을 고정된 것으로 보지 않고 끊임없이 나타나는 갈등의 산물로 파악하면서 사회와 상호작용하는 역동성을 강조한다는 점에서 차이가 있다. 정상과 비정상의 구분을 반대하고, 신경증 구조를 문명의 필연적 산물로 보면서 집단 무의식에도 주목한다는 점에서 정신의학과도 다르다. 정신장애란 문명 속에서 억압된 것이자 끊임없이 나타나는 증상을 통해 일상 속에 회귀하는 억압이므로 정신분석의 관점에서 불안을 분석하면 새로운 치유의 원리를 발견할 수 있다.

프로이트는 1923년 발표한 「자아와 이드Das Ich und das Es」에서 우리 마음의 구조를 자아, 초자아, 이드로 나누어 설명하면서 세 가지가 갈등하고 타협하면서 인간의 삶을 만든다고 설명한다. 이중 자아는 외부세계가 부과하는 현실 원리를 따르면서 이드의 무제한적 욕구와 초자아의 도덕적 압력 속에서 갈등하다 보니 불안을 느낀다고 설명한다. 프로이트에 따르면 증상은 그 타협의 산물이다.

프로이트는 동일한 자아가 세 주인을 섬겨야 하고, 따라서 외부세계, 이드의 리비도, 초자아의 가혹함에서 오는 세 가지 위험으로부터 위협받는 가련한 존재라고 표현한다. 프로이트가 제시한 현실적 불안, 신경증적 불안, 도덕적 불안이라는 세 종류의 불안은 이 세 가지 위험에 상응한다. 불안은 위험에서 도피한다는 표현이기 때문이다.[*]

---

[*]   지그문트 프로이트, 《정신분석학의 근본 개념》 참조.

이 세 가지 위험 중에서 사회적인 것을 대변하는 초자아의 압력 때문에 자아는 쾌락과 현실 사이에서 갈등하면서 특히 도덕적 불안을 느낀다. 초자아는 이드의 본능 충동에 강한 위협을 가하면서 도덕적 요구도 하는 양심의 원천이다. 불안을 느낀다는 것은 우리가 사회적 요구를 수용하면서 도덕적 존재가 될 수 있음을 보여주는 것이다. 자아나 초자아는 내면에서 현실적 요구와 사회적인 것을 대변하면서 이드의 폭주를 조절하지만 때로는 이드에 동조하기도 한다. 지나친 도덕적 요구는 우리를 괴롭히고 불안감도 주지만 그것이 적절한 '자아이상Ego Ideal'으로 발전하면 사회와 개인의 조화를 통해 긍정성을 발휘할 수 있다. 이는 증상에 초점을 맞추기보다 좋은 사회관계를 형성하면서 긍정적 상호작용을 통해 본성을 변화시키는 것이 치료에 중요하다는 관점이다.* 유아기의 양육이 애착 형성이나 사회에 대한 '기본신뢰basic trust'를 형성하여 인간관계에 긍정적으로 작용한다는 연구 결과가 많다. 하지만 성인기 이후에도 긍정적 사회 경험과 신뢰관계는 건강한 자아를 구성하는 데 여전히 중요하다. 자아가 수용할 수 있는 이상이나 가치가 관계 속에서 작동할 때 본성도 변한다.

---

*   발달심리학자 대니얼 키팅은 저서 《남보다 더 불안한 사람들》에서 사회적 경험이 후성유전적 변화를 초래해 특정 유전자가 임무를 수행하는 방식을 바꿀 수 있다고 말했다.

2022년 초 인기를 끈 드라마 〈지금 우리 학교는〉의 한 인물을 예로 들어보자. 〈지금 우리 학교는〉은 넷플릭스에서 방영한 드라마로, 한 고등학교에 의문의 바이러스가 퍼지면서 학생들이 좀비로 변하여 주변 사람을 닥치는 대로 공격하는 극한 상황을 다룬 내용이다. 드라마에서 반장인 '남라'는 공부를 잘하고 얌전하지만 늘 혼자고 다른 친구들과 관계를 잘 맺지 못한다. 남라는 탈출 과정에서 좀비에게 물리지만 친구들이 끝까지 남라를 믿어주고 포기하지 않는다. 처음으로 따뜻한 우정을 경험한 남라는 성격이 달라진다. 남라 몸 안에는 여전히 좀비 바이러스가 있지만, 친구들과 유대가 이를 억제하면서 본래의 인간적 본성이 야수적 본성을 억제하고 선한 행동을 하는 장면은 치유와 관련해 시사하는 바가 크다. 사이코패스 성향을 지닌 사람도 공격성이나 충동을 조절하도록 교육받고 좋은 환경에서 자란다면, 이러한 성향이 꼭 큰 범죄로 이어지지 않도록 억제할 수 있다. 본성은 정해진 게 아니라 사회적 작용 속에서 계속 바뀔 수 있다.

다음으로 오늘날 자아가 지나치게 비대해지면서 널리 퍼진 망상적 세계관에서 벗어나 현실을 직시해야 한다. 망상적 세계관을 야기하는 '편집증paranoia'은 '망상장애'라고도 불리며, 과도한 자기과장, 질투, 피해의식, 왜곡된 신념이 특징적인 증상이다. 편집증 증상들은 모두 자아의 자기중심성이 지나치게 강해서 발생한다. 사이비 종교나 미신도 마찬가지다. 사회불안이 커지면서 이를 자양분 삼아 사이비 종교나 가짜뉴스가 기승을 부리고, 주술이나 운을 신봉하는 미신적 태도도 널리 퍼진다. 《만들어진 신》의 저자 리처드 도킨스는 종교적 신념 자체가 망상이라고 비판한다. 모순임을 보여주는 강한 증거가 있음에도 잘못된 믿음을 고집하는 것은 정신장애의 한 증상이라는 것이다.[*]

정신장애의 많은 부분, 특히 불안장애는 현실을 제대로 직시하지 못하거나 왜곡하기 때문에 발생한다. 불안장애와 최면치료가 전문인 심리학자 안토니오 로델러는 통제되지 않은 감정들을 인정해야 한다고 지적한다. 로델러는 감정을 팔레트에 비유하며, 감정의 팔레트에 있는 슬픔, 절망, 분노, 불안 또는 질투 등 통제되지 않은 감정들을 인정해야 한다고 지적한다.[**] 자신에 솔직해지고 주어진 상황과 느끼는 감정을 그대로 인정하면서 그로부터 문제 해결의 실마리를 찾아야 한다. 내면의 목소리에 귀를 기울이고 현실을 똑바로 바라보는 것은 정신분석학자 자크 라캉이 말하는 '환상 가로지르기'다. '환상 가로지르기'는 환

---

[*]   리처드 도킨스, 《만들어진 신》 참조.

[**]   기사 「긍정심리학: '무한긍정'의 힘? 독 될 수도 있다」-〈BBC 코리아〉
         2021년 2월 17일 게재 참조.

상을 초월해서 없애버리는 것이 아니라 환상 속에서 능동적으로 행동하면서 환상에 맹목적으로 휘둘리지 않는 것이다. 이를 위해서는 자신이 믿는 신념, 생각, 가치관이 잘못되었을 수도 있다고 인정하면서 의도적으로 의심해봐야 한다. 데카르트가 말한 '방법적 회의'와 비슷하다. 방법적 회의를 통해 진리를 탐구하듯 환상 가로지르기를 통해 왜곡된 가치관이나 환상에서 벗어나 우리 내면과 세계를 바로 볼 수 있다.

공동체 관계 맺기가 치료

로고테라피, 철학치료, 정신분석적 치료는 궁극적으로 공동체 관계로 귀결되어야 한다. 지속적 치료가 가능하려면 타자와 긍정적인 상호작용이 가능한 관계 맺기와 서로를 지탱하고 힘을 줄 수 있는 유대와 나눔이 중요하다. 이를 위해 좋은 사회제도를 만드는 것도 중요하지만, 본질은 긍정적 관계 형성에 있다. 공동체적 유대가 힘을 발휘하려면 살아가면서 싫든 좋든 맺어야 하는 모든 관계에 잘 대처하면서 서로에게 상처를 주지 않고 긍정적 영향을 끼칠 수 있는 관계로 만드는 지혜가 필요하다. 좋아하는 사람들과만 있다면 갈등도 겪을 일이 없고 좋겠지만 우리는 어쩔 수 없이 맺어야 하는 관계들 속에서 산다. 그렇다면 그런 관계들에 잘 대처해서 이용할 수 있어야 한다. 이는 정신적 면역력을 강화하는 것에 비유할 수 있다. 대부분의 불안은 상황 때문이 아니라 그것에 대처하는 힘을 갖지 못해서 생긴다. 이 힘의 원천이 바로 강력한 공동체적 결속과 지지다. 《트라우마》의 저자이자 정신과 의사인 주디스 허먼Judith Herman은 일반인이 경험하는 대표적인 정신장애인 트라우마 치료에서 공동체 관계가 얼마나 중요한지 강조한다. 그에 따르면 강력하게 결속된 집단은 트라우마나 외상에 대항할 보호책을 가지고 있으며, 공동체가 트라우마 경험에 대한 해독제가 될 수 있다. 아프가니스탄 참전 군인들이 전쟁 도중이 아니라 퇴역 후에 트라우마에 빠졌던 사실을 예로 든다.

비슷한 다른 예도 있다. 2009년 미군 공수부대의 아프가니스탄 탈레반 소탕 작전에 종군기자로 참여해 병사들의 심리 상태를 기록한 다큐멘터리 영화 〈레스트레포〉를 제작한 서배스천 융거는 기이한 현상을 발견한다. 병사들은 끔찍한 전쟁을 직접 겪었지만 전쟁이 한창일 때는 정신적으로 건강했다. 그런데 정작 퇴역 후에 많은 군인들이 외상후스트레스장애에 시달린다. 또 실제 전투에 직접 참여하지 않았던 파병 군인의 절반 가까이가 노동 능력을 영구적으로 상실했다는 점도 특이했다. 융거는 다큐멘터리에서 참전 군인들에게 트라우마를 남긴 것은 참혹한 전쟁

경험이 아니라 더는 자신을 필요로 하지 않는 사회라고 결론 내린다. 생사를 오가는 전쟁터에서 전우들과 동료애를 나눌 때는 건강했지만 퇴역 후 뿔뿔이 흩어지자 트라우마가 발발한 것이다.[*]

상식적으로 생각할 때는 전장에서 끔찍한 장면을 목격하거나 죽음의 공포에 시달릴 때 정신장애가 많을 것 같지만 실은 그렇지 않다. 많은 연구에 따르면 군인들이 교전 지역에서 전우와 가까이 있을 때가 퇴역 이후보다 정신질환을 겪는 경우가 더 적다고 한다. 이것은 동료와 친밀한 관계가 직접적인 심리치료나 약물보다 더 효과가 있고 근본적이라는 것을 시사한다. 이라크전쟁에서 미군의 좌우명은 "그들을 팀 가까이 두라"였다고 한다.[**]

트라우마뿐 아니라 불안치료에서도 건강하고 긍정적인 상호작용이 무엇보다 중요하다. 불안이나 정신장애의 치료에서 개인에게만 초점을 맞추지 말고 정신장애를 치유하거나 때로는 일으킬 수도 있는 공동체 관계를 중시해야 한다. 치유의 공동체는 사회제도나 물질적 복지가 좋은 집단이 아니라 서로에 대한 신뢰와 믿음, 건강한 사회적 상호작용이 지속적으로 가능한 관계를 위해 노력하는 공동체다.

---

[*]　기사 「'재난 공동체' 한국」-《한겨레》 2020년 3월 2일 게재 참조.

[**]　살레츨, 앞의 책, 63쪽 참조.

건강한 자아와
행복을 위하여

불안에 대한 이해와 행복의 실현

지금까지 불안을 치료 대상으로만 바라보지 말고 나를 발견할 수 있는 계기이자 삶의 새로운 동력으로 삼아야 한다는 것을 강조했다. 불안은 질병도 정서장애도 아닌 인간의 근본 정서이자 자유의 가능성이기 때문이다. 기존 치료는 증상에 초점을 맞추면서 환자(내담자)와 의사(상담가)의 협력관계를 통해 사회적응과 일상이 가능하게 돕는 것을 목표로 했다. 반면 나는 개별자의 관점을 중시하는 철학적·정신분석적 입장에서 불안에 긍정적으로 대처하는 일종의 '자기치료self-therapy'를 강조한 셈이다. 자기치료의 최종 목적은 '나와 나'의 올바른 관계 맺기다. 키르케고르는 인간을 '자기 자신과 관계 맺음'이 가능한 유일한 존재로 규정한다. 불안은 불확실함, 뭔가 집어삼킬 것 같은 아찔함, 무력감과 두려움이지만, 이러한 정서 때문에 우린 잊고 있던 자신을 되돌아보는 소중한 기회를 얻는다. 불안은 망각되고 소외된 존재가 발하는 목소리로, 나라는 존재와 연결되면서 나를 변화시켜 미래를 열 수 있는 에너지를 준다. 불안을 부정 정서로만 바라보면 그 긍정성을 놓칠 뿐 아니라 불안이 아닌 불안장애의 늪에 빠질 수 있다. 불안은 실존의 징표로 인간이 자유롭고 늘 무언가를 선택하면서 살아야 하는 존재라는 반증이다. 인간의 본질은 '무nothing', 즉 아무것도 정해지지 않은 것인데 이로부터 무한한 자유가 주어지기에 오히려 불안을 느낀다. 우리가 불안이나 정신질환을 오로지 의학적 관점에서 관리하고 통제한다면 오히려 고유한 자아 회복에 성공하지 못할 수 있다. 불안이나 정신질환 증상도 삶의 한 부분이고 우리 정체성과 연결되어 있기 때문이다.

불안을 '자기치료'의 관점으로 바라보면서 공동체 관계 속에서 힘을 얻는 것이 중요하다. 인간은 고립된 자아가 아니라 관계 맺는 존재고, 타자와 함께 살면서 영향을 받아 본질이 변할 수밖에 없기 때문이다. 페르하에허에 따르면 정체성에서 타자와 외부세계 역할은 매우 중요하다. 우리는 타자에게서 어떤 일치하는 부분을 찾아 닮으려고 하며 동시에 타자와 우리를 구분하기 위해 분리 노력을 하는 데 정체성은 이런 과정의 산물이다.[*] 타자는 우리가 생각하는 것보다 우리 내면에 더 깊이 들어와 있으며, 내 정체성의 중요한 부분을 형성한다.

르네 지라르의 '모방적 욕망이론', 라캉이 말하는 '타자의 욕망', 인류학자 레비스트로스가 말하는 '상징적 무의식'은 언뜻 우리와 대립적으로 보이는 타자가 우리 내부에 하나의 구조로 역할을 하면서 얼마나 긴밀하게 영향력을 미치는가에 대한 통찰을 잘 보여준다. 타자는 나의 파

---

[*]   파울 페르하에허, 《우리는 어떻게 괴물이 되어가는가》, 21쪽 참조.

트너가 아니라 나의 정체성의 일부분이다. 우리가 불안이나 정신장애를 이해할 때 시종일관 개인 측면과 사회 측면을 같이 고려해야 한다고 강조한 것도 그 때문이다. 그러므로 이 장에서는 이 두 측면을 중심으로 논의를 종합하면서 어떻게 행복을 실현할지 생각해보도록 하자.

개인 측면의 노력: 주체적 치료

제4차 산업혁명, 인공지능, 자본주의 세계화 때문에 사회구조와 삶의 방식이 급격히 바뀌고, 생존경쟁도 치열해지다 보니 최근 우리나라에서는 행복과 자아실현을 강조하는 긍정심리학이 대세다. 또 청소년뿐 아니라 성인에게도 자기를 사랑하고 자기에 가치를 부여하는 '자아존중감self-esteem'의 중요성을 많이 강조한다. 우울감이나 반복되는 불안에 맞서기 위해 자존감의 회복을 강조하는 심리학적 담론이 유행이다. 자존감이 우리 삶에 미치는 영향을 가르쳐주면서 자존감을 실질적으로 끌어올릴 수 있는 구체적 방법을 알려주는 책이 베스트셀러가 되기도 한다.

현실을 바꾸기 어렵고 내가 처한 조건에서 벗어나기 힘들 때 자신을 위로하고 힘을 줄 수 있는 여러 방법으로 자존감을 높여나가는 것도 물론 중요하다. 생활습관과 삶의 자세를 조금씩 바꾸는, '나를 위한 선물 사기, 나쁜 습관 버리기, 자신의 감정 이해하기' 같은 여러 방법을 통해 자존감을 높이고 삶의 활력을 되찾는 효과를 거둘 수 있다. 하지만 살면서 기쁨이나 행복보다 불안, 우울, 슬픔을 더 많이 만나기 때문에 그 속에서 새로운 동력을 끌어와야 한다.

자존감을 높이거나 자신을 긍정하려다가 자칫 나르시시즘에 빠질 수 있으므로 조심해야 한다. 그러지 않으려면 우리의 현실 자아와 이상적 자아의 간극을 제대로 살피면서 그것을 줄여나가야 한다. 나르시시즘은 자아의 구조적 본성에서 비롯되기에 긍정적 자기애만 강조하다 보면 오히려 불안이나 열등감이 커지고 세상에 대해 그릇된 생각을 가질 수도 있다.

실제로 바우마이스터Baumester, 부시먼Bushman, 리어리Leary 같은 많은 심리학자가 목소리를 높여 낮은 자존감보다 근거 없이 '부풀리고 불안정한inflated and unstable' 자존감이 더 위험하다고 이야기한다. 자기 능력에 비해 과도한 자존감을 가지면 모든 사태를 자신에게 유리하게 해석하면서 자기 문제는 보지 않는 '자기편익편파self-service-bias'에 빠질 수 있다. 정신분석학의 설명에 따르면 자신에 대해 병적으로 집착하는 나르시시즘적 자아는 공격성을 드러내기 쉬운데, 끊임없이 타인에게 권력을 휘두르면서 자신의 우월성을 확인하려 들기 때문이다. 자존감을 무작정 부풀리기보다 나 자신을 최대한 객관적으로 파악하는 것이 더 중요하다.

나 자신을 이해하고 나와 관계를 맺는 것은 내 욕망의 주인이 되는 것이다. 라캉에 따르면 욕망은 탐욕이 아니라 존재를 향한 순수정념passion이다. 주체적 치료란 소외된 욕망에서 벗어나 내 욕망을 찾는 것이다. 자존감의 강조는 자칫 자신의 욕망에 이르는 길이 아니라 오히려 사회가치에 맞춘 이상화된 자아를 원하는 소외된 욕망으로 변질될 수 있다. 인간은 타자의 욕망을 보고 욕망을 배우기 때문에, 자기 욕망의 의미를 알려면 타인의 인정이 필요하기 마련이다. 그러나 우리가 타자에게 매달릴수록 타자의 욕망은 우리를 억압하고 소외시키기 쉽다.*

　　진정한 욕망은 타자의 욕망이나 사회에 맞추지 않고 나의 고유한 존재being를 찾고, 그것과 관계를 잘 맺는 것이다. 이를 위해서는 내 존재가 본래 실체가 아니라 완벽히 채워지지 않는 무nothing이자 순수한 가능성으로만 존재한다는 사실을 수용해야 한다. 욕망이란 존재의 텅 비어 있음을 받아들이고 지금 이 존재에 충실하려는 윤리적 태도이기에 괴로움을 동반하기도 한다. 하지만 이런 능동적

---

*　　라캉은 '타자의 욕망'에 휘둘리는 대표적 예로 〈햄릿〉을, 자신의 욕망에 충실하면서 죽음까지 불사하는 순수욕망의 화신으로 〈안티고네〉를 들면서 비교한다. 햄릿은 자신의 욕망을 알지 못하고 어머니의 욕망(사랑과 명예)과 아버지의 욕망(복수) 사이에서 갈등하다가 신경증자가 된다. 반면 안티고네는 죽음까지 불사하며 철저하게 자신의 욕망에 따라 행동한다.

128

인 자세 전환이 필요하며 내 욕망의 주체로 거듭나야 한다. 주체는 불안에서 그 가능성을 찾을 수 있다.

불안을 에너지로 삼기

불안이 전혀 없다고 가정해보자. 평온하고 좋을 것 같지만 그것도 잠시, 아마 아무런 의욕도 동기도 없이 무기력한 권태에 빠져 살 것이다. 이처럼 불안은 오히려 적당할 때 우리를 열심히 일하게 하고 자신을 점검하게 만드는 '에너지'가 된다. 불안은 우리 삶에 늘 함께하는 그림자이자 에너지로, 나의 존재를 파괴할 수도 있으나 우리 삶에 활력을 줄 수도 있다. 그렇다면 불안을 에너지로 적절하게 활용하는 지혜가 필요하다.

심리학에는 '각성 이론arousal theory'이라는 게 있다. 인간이 지닌 욕구는 심리적 긴장과 각성을 유발하지만, 오히려 각성 때문에 긴장을 해소하는 행동을 하면서 새로운 활력을 찾는다는 이론이다. 각성 이론을 입증하려는 실험으로 '감각박탈sensory deprivation' 실험이 있다. 감각박탈 실험은 외부에서 오는 소음이나 자극이 차단된 방에서 아무것도 안 하고 지내면서 그 대가로 돈을 받는 실험이다. 처음엔 참가자들이 몰렸으나 곧 참가자들은 무기력한 생활에 큰 괴로움을 느끼기 시작하면서 실험을 그만두었다. 더 극단적으로 시각과 청각을 완전히 차단한 채 아무것도 하지 않게 하면 실험자들은 환각과 환청에 시달리거나 감각이 차단된 상태로 가만히 있는 것을 견디지 못한다고 한다. 이 실험을 통해 긴장과 자극이 삶에 활력을 준다는 각성 이론이 힘을 얻었다.

높은 산에 올라가거나 암벽을 타고, 때로 생명의 위험을 무릅쓰는 모험을 즐기는 것은 불안한 상황을 극복했을 때 얻는 성취감이 크기 때문이다. 이처럼 부정 정서도 잘 활용하면 엄청난 이점을 준다. 행동과학자 대니얼 네틀 Daniel Nettle은 부정 감정을 동기 삼아 노력해서 높은 성취를 이룰 수 있다고 하면서, 이른바 '동기 이점motivational advantage'을 강조한다.* 네틀에 따르면 적절한 신경증 기질이 작가나 예술가의 창조적 동력이 될 수 있다. 불안도 마찬가지다. 우리가 불안을 느낀다는 것은 우리가 현재 상황이나 내 모습에 만족하지 못한다는 표징이다. 현실에 만족한 사람은 새로운 모험이나 불확실성에 몸을 던지지 않고 관성적 삶을 반복한다. 이런 삶에는 불안도 긴장도, 존재의 의미를 찾으려는 몸부림도 없다.

익숙한 삶에서 벗어나 무언가 새로운 시도를 할 때 우리는 불안이라는 다소 거추장스러운 상황에 직면한다. 한국에 《툭하면 기분 나빠지는 나에게》라는 제목으로 소개된 팀

---

* 대니얼 네틀, 《성격의 탄생》, 155쪽.

로마스Tim Lomas의 책은 원제가 '부정적 감정의 긍정적 힘 The Positive Power of Negative Emotions'이다. 이 책에서는 슬픔, 불안, 분노, 죄책감, 질투, 지루함, 고독, 고통이라는 8가지 부정 감정이 삶에서 어떤 긍정적 기능을 할 수 있는지 기존 심리학 연구를 참조하고 사례를 살피면서 재미있게 서술하고 있다. 저자에 따르면 불안은 주변의 위험한 요소를 살피고 주의를 기울여 위험을 피하는 '감시자' 기능을 하며 불안 덕분에 자신의 한계를 넘어 새로운 도전을 할 수 있다고 강조한다. 우리가 익숙한 영역을 벗어나 성장할 때 생기는 감정이 불안이다. 로마스의 책은 불안뿐 아니라 우리가 살면서 자연스럽게 경험하는 부정 정서들이 우리가 잠시 멈춰서서 삶을 성찰하게 하고 동기를 유발하면서 새로운 선택으로 유도한다는 것을 강조한다. 불안은 한계 상황에서 내게 주어진 가능성을 나 혼자 오롯이 감당해야 하고, 그것을 통해 나의 고유한 존재성을 실현하는 모험을 할 때 경험하는 자연스러운 정서다. 우리는 불안을, 삶을 가능하게 하는 에너지로 전유하면서 우리의 삶을 풍요롭게 만들어야 한다.

애도mourning를 통한 욕망의 발견

불안에서 벗어나서 일상을 누리며 자기 행복을 실현하려면 나의 욕망을 찾아야 한다. 우리가 고통을 느끼고 불안에 잠식되는 것은 자신의 욕망을 알지 못한 채 타자의 욕망을 좇으면서 허구적 야망과 이상으로 가득한 삶을 바라기 때문이다. 그렇다면 어떻게 타자의 욕망에 적절한 거리를 둘 수 있을까? 이는 정신분석이 말하는 '애도'를 통해서 가능하다. 애도란 내가 애착을 가졌던 대상이나 사람, 욕심을 떠나보내면서 상실을 삶에 정착시키는 작업이다. 욕망에서 애도는 큰 역할을 한다. 욕망은 대상에 대한 탐심이 아니라 "존재 결여에 대한 관계"이기 때문이다. 이 말은 욕망의 본질은 어떤 대상으로도 채울 수 없는 존재에 대한 열정이라는 것이다. 그러나 소비사회에서 인간은 존재가 아니라 자꾸 존재를 과시하고 확인시켜줄 수 있는 대상에 집착한다. 에리히 프롬Erich Fromm이 말한 것처럼 존재의 삶이 아니라 소유의 삶을 사는 것이다. 그러나 많은 소유나 물질은 내 본질을 실현시켜주지 못한다. 그래서 필요한 것이 애도고, 우리는 애도의 방법을 배워야 한다.

프로이트는 1917년 발표한 「애도와 멜랑콜리Trauer und Melancholie」라는 짧은 논문을 통해 삶에서 경험하는 '정상적 슬픔'이나 상실과 정신병적으로 죄책감과 무기력이나 정신질환 상태에 빠지는 '멜랑콜리'를 구분한다. 정상적 슬픔과 멜랑콜리를 나누는 기준이 바로 애도의 유무다. 대상을 떼어내는 애도가 없으면 우리는 그 대상에 쏟아부은 에너지에 압도되어 결국 헤어나오지 못한다. 애도는 사랑하는 사람이나 애착을 가졌던 대상을 떠나보내는 치유지만 멜랑콜리는 그것이 이루어지지 않아 대상 대신 자아가 상실되면서 망상적 상태로 퇴행하는 정신병 상태다. 프로이트는 애도의 경우 세상이 빈곤해지고 공허해지지만, 멜랑콜리의 경우 자아가 빈곤해진다고 말했다.[*]

　애도는 애착과 내 에너지를 쏟아부은 대상이 갑자기 사라졌을 때 상실을 슬퍼하면서 우리 삶에 점진적으로 안착시키는 과정으로, 목적의식적 훈련이 필요하며 사회가 그것을 가능하게 해주어야 한다. 상실과 부재를 의식적으로 수용하면서 아픔을 견디고 다른 대상에 욕망을 집중하면서 삶을 지속할 수 있다. 프로이트가 발견한 애도의 중요성은 오늘날 불안치료의 원리로 새겨들을 만하다. 예를 들어 내가 사랑하는 사람이 불의의 사고로 갑자기 떠났을 때 제대로 애도하지 못하면 우리는 극심한 멜랑콜리 상태에 빠져 결국은 세상과 완전히 단절되면서 허무와 무기력에 빠지거나 비극적으로 생을 마감할 수 있다. 반대로 의식적인 애도의 작업은 자아를 잃어버린 대상과 동일시하지 않으면서 새로운 대상을 찾을 수 있게 도와준다.

　라캉은 프로이트의 이런 통찰력을 세심하게 발전시

---

[*]　지그문트 프로이트, 〈슬픔과 우울증〉, 《정신분석학의 근본 개념》, 윤희기·박찬부 옮김, 열린책들, 2020 참조.

켜 〈햄릿〉의 비극을 애도의 부재로 인한 욕망의 비극으로 재해석한다. 우리가 욕망을 정상적으로 유지하면서 세상과 건강한 관계를 맺으려면 목적의식적인 애도의 작업이 필요하다. 햄릿은 아버지가 갑자기 죽고 애도를 제대로 수행할 수 없었기 때문에 결국 자신의 사랑에도 충실하지 못하고 아버지의 복수도 실행할 수 없었다. 이것은 햄릿의 무능이 아니라 햄릿의 애도를 방해하는 상황 때문이다. 햄릿이 사랑하던 어머니는 아버지가 죽자마자 탐욕스러운 숙부 클로디어스와 결혼하고, 클로디어스는 아버지의 죽음을 여전히 슬퍼하는 햄릿에게 빨리 왕자로서 새 국왕에게 충성하라고 나무란다.* 햄릿은 신경증자가 되어 점점 무기력하게 죽음을 향해 달려가고, 나중에 오필리어가 죽

---

* 클로디어스는 〈햄릿〉의 제1막에서 햄릿에게 다음과 같이 말한다. "돌아가신 부왕을 그토록 애도하다니, 참으로 착하고 가상하구나. … 그러나 애도도 도가 지나치면 오히려 신을 모독하는 행위며 남자답지 못한 태도다. 신의 섭리에 역행하고 다 신앙이 부족한 마음에서 비롯된 것이다." 햄릿의 어머니도 햄릿이 상복을 입고 슬픔에 빠져 있다고 나무란다. 선왕의 죽음을 수습한다고 제대로 된 애도를 진행하지 않은 것이 햄릿을 멜랑콜리 상태로 빠뜨린다. 우리 사회에도 세월호 참사가 있을 때 산 사람은 살아야 하지 않냐고 하면서 그만 잊어버리고 일상으로 돌아오라고 강요하는 사람들이 있었는데, 이것은 위로가 아니다. 충분히 애도할 수 있게 사회가 도와주고 함께 애도해주는 것이 상처를 회복할 수 있는 가장 좋은 방법이다. 기억하고 추모하기, 진상을 제대로 밝혀 억울함을 풀어주기, 공동체 차원의 의례 들이 사회적 애도의 대표적 예다.

고 나서야 비로소 자신의 욕망에 눈을 뜬다. 죽은 자에 대한 추모와 기념, 의식을 통한 위로와 의미 부여, 상실에 대한 공동체의 인정과 지지 등 사회가 집단적으로 기억하고 슬퍼해주는 것이 바로 사회적 애도다. 이러한 사회적 애도가 있어야 개인의 애도가 가능하다. 애도가 제대로 진행되지 못해 대상이 찌꺼기처럼 남아서 우리를 괴롭히는 것이 트라우마 같은 정신장애다.

불안은 애도의 부재에 대한 경종으로, 우리가 욕망의 주체가 되지 못하고 있음을 알리는 신호다. 욕망에 필요한 결여가 메워지면서 내 존재의 틈이 없어질 때 느끼는 정서가 바로 불안이기 때문이다. 불안은 인간이 타자와 관계 혹은 나의 진정한 욕망을 찾고 그것과 관계를 맺을 수 있도록 도와주는 일종의 나침반이다. 라캉이 말하는 욕망의 윤리는 자신의 욕망에 철저한 것이다. 나의 욕망을 알고, 그것에 충실할 수 있는 힘을 가질 때 우리의 정신도 건강해질 수 있다.

사회 측면의 노력: 무조건 공감이 아니라 상호 인정이 중요

개인이 정신병리를 치유하고 정신적 고통을 당하는 사람이 원만한 생활을 영위하고 행복을 주체적으로 추구하려면 환경도 개인의 노력 못지않게 중요하다. 그러나 사회환경 개선도 물론 중요하지만, 개인의 병을 집단적 증상으로 인식하는 태도 변화가 더 중요하다. 인간이 사회를 살아가는 게 아니라 사회관계 자체가 인간의 본성을 만든다. 사회는 개개인의 삶을 넘어서는 견고한 실체가 아니라 지금 여기 개인들의 구체적인 상호작용을 통해 실현된다. 프로이트는 개인심리와 집단심리는 병존하며 사회적인 것이 개인의 관계에 반영된다는 것을 여러 곳에서 강조한다. 그는 《문명 속의 불만》에서 개인심리학의 의미를 사회 상황으로 확대하는 것은 타당하며, 개인심리학은 애초부터 사회심리학이기도 하다고 말한다.[*] 개인의 무의식은 곧 사회적인 것의 거울이다.

인간 본성 자체가 관계를 빼놓고 이야기하기가 힘들다. 괴테에 따르면 사람의 개별성은 그를 둘러싼 관계에서 비롯되기 때문이다. 인간의 문명 자체가 공감과 소통 위에서 성립되었다고 주장한 사상가 제레미 리프킨Jeremy Rifkin은 인간은 사회적 존재로, 주변의 특정한 관계와 만남을 통해 삶을 꾸리는 것이 인간을 고유하게 만든다고 말한다.[**] 나아가 사회관계가 우리를 만들고 본성도 끊임없이 변화시킨다는 사실을 염두에 두면 긍정적인 상호작용

---

[*]   지그문트 프로이트, 「집단 심리학과 자아 분석」, 《문명 속의 불만》 참조.

[**]   제레미 리프킨, 《공감의 시대》 참조. 이 책에서 리프킨은 태어나고 죽을 때까지 관계는 생존의 핵심이며, 우리는 관계 속에서 잉태되고 태어나면서부터 관계를 시작해 평생 관계 속에서 살아간다고 말한다.

이 가능한 사회를 만드는 것이 진정한 치유를 완성해주는 힘이라고 결론 내릴 수 있다. 치유의 환경을 만드는 관계의 몇 가지 원칙을 이야기해보자.

공감이나 감정이입, 무조건적 합일의 요구가 때로 부정적인 결과를 낳기도 한다. 미국 역사에서 광기 어린 마녀사냥에 관한 유명한 일화가 있다. 1692년 미국 매사추세츠주의 '세일럼Salem'이라는 아주 작은 마을에서 벌어진 '세일럼 재판'은 감정이입의 위험을 보여준다.* 원래 청교도들이 정착해 살던 세일럼은 외부와 고립된 채 전통적인 방식으로 살았다. 당시 마을에 살던 소녀 몇몇이 코튼 매더라는 젊은 목사가 쓴 《마술과 귀신들림에 관해 최근에 알려진 신의 중요한 계시》라는 책을 읽었다. 이 책을 읽은 소녀들이 전보다 마녀에 대한 두려움이 커지면서 비극이 일어나기 시작한다. 어느 날 이 마을의 두 소녀가 갑자기 이상한 행동을 하면서 설명할 수 없는 원인으로 고통을 당하였다. 이들을 진료한 의사가 그 원인을 제대로 알 수 없자 마술에 사로잡혔다고 진단 내렸고, 그 소녀들이 이웃 여성을 마녀로 지목하면서 마녀사냥의 광기가 몰아닥치게 된 것이다. 비슷한 증세로 고통받던 다른 소녀들을 비롯해 마

* 세일럼 마녀재판에 대해서는 다음 논문을 참조하라. 양정호, 「1692년 세일럼 마녀재판을 통해서 본 17세기 뉴잉글랜드의 종교문화」, 2005.

을 사람들은 연이어 마녀를 지목하였고, 결국 140여 명이 마녀로 지목되어 19명이 교수형에 처해졌고 5명은 옥중에서 사망하였으며, 재판을 거부한 한 사람은 압사壓死당하는 비극이 벌어졌다. 이성의 시대가 막 열리는 17세기에 벌어졌다고는 납득하기 어려운 사건이다. 나중에 국가가 개입하여 세일럼의 마녀사냥이 중단되었지만, 마을은 피폐화되었고 서로에게 깊은 상처를 남겼다. 매사추세츠주에는 '마녀재판박물관'이 세워져 그때의 광기를 증언하고 있다.

왜 이런 일이 일어났을까? 여러 원인이 있겠지만 청교도 이념과 가족주의적 동질성이 전통과 결합된 채 자기들끼리 결속되어 있는 폐쇄적 분위기가 마을 구성원들에게 히스테리적 동일시와 감정이입을 불러왔다고 추측할 수 있다. 소녀들의 고통이나 두려움이 마을 사람들에게 쉽게 전염된 것이다. 프로이트는 집단이 서로 감정적으로 결합하고, 공통의 신념을 공유하면서 서로에게 영향을 미치는 것을 '동일시identification'라고 부른다. 동일시에서도 히스테리적 동일시의 예로 프로이트는 이별의 편지를 받고 발작을 일으킨 소녀를 보고 주위의 다른 친구들이 심리적으로 전염된 예를 든다.* 세일럼 마을의 사례도 이와 비

---

*　지그문트 프로이트, 「집단 심리학과 자아 분석」, 《문명 속의 불만》 118~119쪽 참조.

슷하다.

건강한 공동체 관계는 이런 과몰입적 동일시와 다르다. 서로가 서로에게 동질감을 느끼고 비슷한 감정을 공유하는 일이 좋은 것 같지만 이것이 집단마다 다르게 형성되면 헤어 나오기 힘든 갈등과 혐오의 근원이 될 수 있다. 우리는 이미 정과 집단을 중시하는 한국의 공동체 문화가 지역주의, 진영 갈등, 배타적 태도의 원천이 된 것을 목격하고 있다. 맹목적 유대를 강조하는 공동체보다 신뢰와 존중에 기초한 공동체 관계가 중요하다. 개체성을 보장하면서도 타자를 존중하고 인정하는 것을 원칙으로 삼아야 한다. 연대와 존중은 무조건적 사랑과는 다르며 오히려 냉정함에 가깝다. 동질성이나 정서적 교감에 기초한 사랑은 결국 내 편에게만 잘해주는 패거리 문화를 낳을 수 있기 때문이다. 시골 사람들이 이웃과 맺는 가족 같은 관계가 훈훈해 보이지만 외지인에게는 배타적일 수 있고, 내부의 갈등이 생기면 세일럼 마녀사냥처럼 걷잡을 수 없는 폭력으로 발전하기도 한다.

이와 관련해 플라톤의 《향연》에서 아리스토파네스가 말한 양성 인간의 신화는 시사해주는 바가 많다. 신화에 따르면 원래 인간은 두 개의 몸이 하나로 합치된 양성 인간이었다. 이 종은 네 개의 손과 네 개의 다리를 지니고 있고, 둥그런 목 위에 두 개의 얼굴이 반대로 놓여 있으며, 하나의 머리가 붙어 있었다고 한다. 몸이 둥글어 빨리 달리고 싶을 때는 다리를 원 모양으로 회전하면서 이동하기도 했다. 인간이 오만해지자 결국 제우스는 인간을 둘로 쪼갰고 그때부터 인간은 잃어버린 반쪽을 찾아 헤매게 되었는데, 플라톤은 이를 에로스의 본성이라고 말한다. 사랑이란 자기 반쪽을 찾아 다시 합쳐 온전하게 되는 것이다. 《창세기》를 보면 이와 비슷한 말이 있다. "남자가 부모를 떠나 그 아내와 합하여 둘이 한 몸을 이룰지로다."(2:24)

에로스는 타자를 향한 사랑이 아니라 자신의 결핍을 채우고, 타자와 연합해 훨씬 완전한 존재가 되려는 이기적 욕망이다. 이것은 이기적인 자아가 중심이 되는 정념의 확장에 불과하다고도 할 수 있는데, 타자를 억압하고 타자를 자신을 위한 보충물로 생각할 수 있기 때문이다. 키르케고르도 비슷한 맥락에서 에로스를 비판한다. 그는 서로를 축복하는 이들의 사랑이나 자기 자신보다 남을 사랑한다는 이들의 사랑도 자기도취에 불과하다는 사실을 스스로 알고 있다고 말한다. 에로스적인 사랑은 영원한 것이라 할 수 없으며, 그저 "무한성이 빚어내는 아름다운 현기증"이라고 표현한다.[*]

타자와 진정한 공존을 위해서는 애착보다는 타자의

---

[*]   쇠렌 키르케고르, 《사랑의 역사》, 39쪽.

독립성을 인정하고 무조건 존중해야 한다. 정이 많고 친절한 한국 사람들은 관계에서 에로스 공동체의 모습을 많이 보인다. 에로스 공동체에서는 공동의 선을 위한 개인의 희생을 당연시하고, 공동체 기준이나 가치를 거스르거나 조금이라도 다른 의견을 가지면 오히려 폭력을 행사하기도 한다. 이런 사회에서는 개인의 행복과 정신건강을 보장할 수 없다.

1997년 외환위기와 2008년 글로벌 금융위기 이후 신자유주의 삶의 방식이 당연하게 받아들여지면서 우리 사회가 급속히 각자도생과 경쟁을 당연시하는 개인주의 사회로 접어들고 있다. 그러면서 불안도 확산되고, 외로움이나 단절도 많이 느낀다. 하지만 그렇다고 무조건 과거의 공동체적인 유대를 회복하자고 주장해서는 안 된다. 알랭 바디우Alain Badiou가 강조한 것처럼 개체성과 보편성을 잘 조화시키면서 사랑을 실천할 수 있는 새로운 공동체적 모델이 필요한 시대다.

연대와 협동의 공동체적 관계를 향해

개인이 행복하게 살 수 있는 사회 환경을 마련하려면 원칙도 중요하지만 그것을 실현할 수 있는 실질적 제도나 대안을 고민해야 한다. 가라타니 고진Karatami kojin은 인간과 사회를 교환의 논리를 통해 설명하면서 자본주의적 상품 교환의 폐해를 극복할 수 있는 새로운 교환의 모델로서 '어소시에이션association'을 제안한다. 마르크스가 인류 역사를 생산수단의 소유에 기반한 계급적 관점, 즉 주인과 노예의 변증법적 투쟁으로 해석했다면, 고진은 교환 양식을 통해 원시공산제(호혜적 교환)→중세 봉건제(수탈과 재분배)→근대 자본주의(상품 교환)의 변화를 설명하면서 불평등과 부자유를 필연적으로 낳는 자본주의를 극복할 수 있는 사회적 실천 대안을 모색한다. 어소시에이션은 과거의 호혜적 교환을 다시 복원하되, 자본, 국가, 민족의 동맹체인 자본주의 시장 질서를 초월하는 세계 공화국을 목표로 한다. 그리고 그 구체적 내용은 일종의 소비자(생산자) 협동조합의 형태다.

고진의 공동체 구상은 경제 질서를 기본에 두고 있는데, 동시에 협력 관계 속에서 긍정적 상호작용을 통해 치유를 도모할 수 있는 심리적 공동체 모델을 구상해야 한다. 최근 미국에서는 이른바 '공동주거cohousing' 모델이 많이 나타나고 있다. 단순히 뜻이 맞는 사람들이 모여 사는 마을 공동체가 아니라 처음부터 거주 공간을 공동주거와 교류가 가능한 형태로 설계하여 함께 생활하는 방식이다. 각자의 집은 따로 있지만 공동주거 구성원들이 공유하는 공동의 뜰, 큰 식당, 놀이방 등의 공동 공간을 두고 일주

일에 3~4번씩 같이 밥을 먹고 이웃과 교류하면서도 적절하게 거리를 두는 건강한 상호작용을 통해 소외와 외로움을 극복하는 새로운 운동이다. 단순한 이웃이 아니라 서로 긴밀한 관계를 맺으면서도 타인을 존중하고 개인의 독립성도 보장하는 공동주거운동이라 할 수 있다.

최근에는 상호 원조와 지지를 통해 집단치료를 하는 '자조모임self-helping group' 운동도 많이 한다. 자조모임은 공통의 문제를 지닌 사람들이 서로의 경험을 나누고 정서적으로 공명해주면서 심리치료의 효과를 집단적으로 거두는 모임이다. 단순히 치료만이 아니라 서로 도와주면서 참여자 각자가 자존감과 삶의 가치를 되찾으면서 스스로 상황을 바꿀 수 있는 능동적 주체로 거듭나는 것이 자조모임의 목표다. 미국에서는 수많은 형태의 자조모임이 늘어나고 있다고 한다.[*]

어소시에이션, 공동주거, 자조모임을 실천하고 무조건 따라하고 제도화하자는 이야기는 아니다. 다만 서로가 서로에게 힘이 되어주고 연대할 수 있는 다양한 네트워크를 통해 치유의 공동체를 만들려는 노력이 지금 필요하다는 것이다. 코로나로 인해 우리는 사회적 약자를 보호하고 경제적으로 원조하는 공적 부조와 연대가 절실함을 많이

[*]   제레미 리프킨, 앞의 책, 521~522쪽 참조.

느낀다. 그러나 급속한 디지털 전환으로 사회구조가 바뀌고, 경쟁과 부의 축적이 목표가 된 삶에서 우린 각자도생의 욕망에 쫓겨 끊임없이 자신을 착취하면서 병들어 가는 피로사회로 들어서고 있다. 이제 잠시 멈추어서 우리 자신을 돌아보고 상생할 수 있는 공동체적 대안을 모색해야 한다. 긍정적 상호작용이 가능한 공동체 관계야말로 치유를 위한 최고의 대안이다. 그런 관계를 어떻게 구체화할지를 모색하는 고민과 과정 자체가 공동체적 관계의 시작이다.

불안은 파르마콘과 같은 것이다

그리스어 '파르마콘pharmakon'은 약이면서 독이라는 상반된 의미를 지닌 말이다. 소크라테스와 파이드로스가 강변에서 사랑과 웅변술에 대해 나눈 중기 대화편 《파이드로스》에서 플라톤은 글을 파르마콘에 빗대어 설명한다. 글은 우리의 망각을 막아주고 기억을 영구화하는 동시에 본래의 의미를 왜곡시킬 수도 있는 묘약이자 독약의 이중성격을 가졌다는 것이다.

불안도 파르마콘 비슷한 역할을 한다. 불안은 우리 영혼을 치명적으로 손상시킬 수 있는 독이고 자칫 죽음에 이르는 병으로 이끌 수도 있다. 하지만 불안을 잘 활용하면 영혼을 정화하고 새롭게 들여다보면서 자아를 건강하게 만들 수 있는 치료제가 된다. 불안은 미래에 대해 경고하는 선지자, 위기를 대비시키는 훈련관, 성공의 추진력을 제공하는 동기 유발자, 내 안전을 지키는 감시자, 내 삶의 한계를 넘도록 이끄는 개척자이기 때문이다.[*] 불안을 무조건 부정적으로 보면서 회피할 게 아니라 적극 수용하면서 이와 연관된 내 욕망을 향유할 수 있는 행복의 원천으로 삼아야 한다는 말이다.

이 책에서 불안에 휘둘리지 말고 불안이 지닌 에너지를 긍정적으로 활용하면서 내 욕망의 주인이 되자고 강조했다. 불안은 우리를 둘러싼 공기 같은 것이자 욕망을 불러일으키는 힘이기 때문이다. 상대의 기술을 이용해 그대로 받아치는 씨름의 되치기 기술처럼 증상에 휘둘리지 말고 역으로 이용해야 한다. 라캉은 "무의식이 주체를 지배하며, 증상은 여기에서 각 주체가 무의식을 즐기는 방식이다"[**]라고 말하며 증상을 긍정했다. 증상을 긍정하면서 증상에서 주체화의 가능성을 살려내자는 것이 정신의학과 다른 정신분석치료의 가장 큰 차별성이다. 나는 불안은 타자 혹은 자신의 욕망과 제대로 된 관계를 맺을 수 있도록 도와주는 나침반 역할을 한다고 강조했다.

코로나로 인한 어려움은 있지만 세계 경제 10위의 선진국이기도 한 대한민국에 사는 한국인들은 지표에 어

---

[*]   팀 로마스, 《툭하면 기분 나빠지는 나에게》, 63~88쪽 참조. 위의 다섯 가지 기능은 팀 로마스가 명명한 것이다.

[**]   Lacan, J., 《Le Séminaire VIII, Le transfert》, p. 150.

울리지 않게 여러 형태의 불안과 고통에 시달리며 산다. 예전보다 분명 삶의 질이 나아지고 높은 수준의 문화도 향유하고 정치적 자유도 많이 늘어났지만, 사람들의 행복은 그만큼 늘지 않았다. 외형은 남부러울 것 없어 보이지만 삶의 만족도는 OECD 국가 중 거의 최하위에 속하고, 자살률이나 사회갈등지수도 여전히 높다. 불투명한 미래에 대한 두려움 때문에 결혼을 하지 않거나 아이를 낳지 않는 경우도 많아서 인구 절벽 위기도 심각하다. 그렇다고 우리나라 사람들이 유달리 염세적이거나 행복한 삶에 큰 애착이 없어서 그런 것은 아니다. 사실 이 모든 것은 우리나라 사람들이 지나칠 정도로 행복, 성공, 풍요를 삶의 목표로 제시하면서 자기계발을 끝없이 독려하는 피로사회에 살고 있기 때문에 일어나는 현상이다.

이런 사회에서 불안은 우리의 현재 모습을 성찰하고 새롭게 하라는 메신저 역할을 한다. 정신적으로 건강해지려면 무조건 나 자신을 사랑하고 자존감을 세우는 것이 아니라 나의 고유한 욕망과 정동을 제대로 이해해야 한다. 행복해야 하고 완전해야 한다는 강박적 행복주의 관념에서 벗어나자. 성과주의는 나와 나의 관계를 건강하게 만들지 못하고 착취하고 파괴하는 잘못된 관계로 이끄는 전형적인 원인이다. 한병철은 《피로사회》에서 '소진burnout'은 자주 우울증으로 이어지는데, 그 원인으로 과잉 자기 관계를 들

수 있다고 말한다. 과잉 자기 관계는 과도한 긴장과 과부하로 인한 자기 파괴적 특성을 지닌다.* 휴식도 여유도 없이 살다 보니 우리 사회는 피로사회를 넘어 파괴사회로 가고 있는 것이다.

우리의 삶을 차분히 반추해보자. 대부분 유치원 때부터 대학까지 그리고 사회에 나가서도 우리는 끊임없이 이상적 가치와 삶의 목표를 주입받으며 거기에 도달하기 위해 쉼 없이 달리고 있다. 행복하기보다 행복해 보이려고 애를 쓰고 산다. 이러한 삶의 방식에서 벗어나 성과사회가 억압하고 있는 내 고유한 존재와 순수욕망을 되찾아야 한다. 자신의 고유성을 실현하기 위한 여러 방법이 있을 것이다. 스스로를 관찰하고 성찰하면서 자신과 대화하는 글쓰기를 날마다 실천하는 것도 좋은 방법이다. 멀리 여행을 떠나거나 큰 변화를 꾀하기보다 가끔은 쉼 없이 접촉하던 모든 디지털 매체와 멀어져 산속에 혼자 있는 것처럼 멍을 때리면서 한가로이 여유를 즐겨보는 것도 좋다. 욕망은 거창한 것이 아니라 존재에 대한 갈망이자 삶의 의지다. 내

* 한병철, 《피로사회》 참조. 한병철은 이 책에서 성과 주체는 타자와 갈등 관계를 전제하지도 않으며, 우울증에는 아예 타자적 차원이 전제되어 있지 않다고 말한다. 하지만 주체의 구조와 본성 자체가 이미 타자적 속성과 관계를 전제로 해서 가능하기에 우울증도 반드시 타자와 연관이 있다. 우울증은 타자의 욕망을 내면의 요구처럼 스스로에게 강요하는 초자아의 억압에서 비롯된다고 할 수 있다.

욕망을 찾기 위한 성찰, 멈춤, 대화, 탐색 등 모든 과정 자체가 곧 치유다. 그 치유의 중심에는 나와 나의 관계, 나와 타자의 관계, 나와 세계의 관계가 있다. 우리의 삶은 보이지 않게 촘촘하게 작동하는 사회 그물망으로 얽혀 있다. 심해지는 불안은 이런 그물망이 억압하는 자신을 살피라는 무의식이 보내는 경고다.

나의 욕망을 찾기 위한 홀로서기

데카르트가 진리를 발견하기 위해 목적의식적으로 의심을 해본 것처럼 의도적으로 고독 속에 자신을 놓고 살펴보는 것은 출발점으로 좋은 방법이다. 고독은 외로움이 아니라 자신을 발견하고 생각하는 힘을 얻는 소중한 경험이다. 작가 요아힘 링엘나츠는 "고독은 생각의 지하실로 내려가는 계단"*이라고 말했다. 고독을 통해 목적의식적으로 자신을 발견해야 한다. 나와의 관계는 다른 모든 관계를 위한 출발점이다. 이를 위해 가끔 거리를 두고, 자신에게만 충실하게 홀로 집중하는 시간을 갖자. 그런 다음 세계와 관계를 다시 맺어야 한다.

---

*   요아힘 링엘나츠, 《행복한 지붕수리공》, 64쪽.

이런 의미로 불교 경전 〈숫타니파타〉*의 일부를 인용하면서 글을 마치고자 한다. 경전에 나오는 "무소의 뿔처럼 혼자서 가라"는 것은 내 생각에 화려하게 우리를 유혹하는 것에 매달리지 말고 홀로 진리를 추구하면서 나를 일으키는 시간을 가져보라는 의미다. 보이게, 보이지 않게 타자의 욕망을 강요하면서 은밀히 우리를 옥죄는 다양한 예속에서 벗어나 자신을 찾아야 한다. 그것은 결국 내 욕망의 주인이 되는 길이다.

홀로 행하고 게으르지 말며
비난과 칭찬에 흔들리지 말라
소리에 놀라지 않는 사자처럼
그물에 걸리지 않는 바람처럼
물에 더럽혀지지 않는 연꽃처럼
무소의 뿔처럼 혼자서 가라.

욕망과 집착, 번민과 애착
그 모든 것을 집어던지고
해탈의 진리를 찾아
무소의 뿔처럼 혼자서 가라.

---

* 숫타니파타는 '경집'이란 뜻으로 경전(숫타)들을 모은(니파타) 책이다.

탐욕과 혐오와 헤매임을 버리고

매듭을 끊어

목숨을 잃어도 두려워 말고

무소의 뿔처럼 혼자서 가라.

참고문헌

국내 논문

권준수 외, 「2006 한국인의 불안 : 불안 리서치 결과 보고」, 《Anxiety and Mood》 Vol. 2 No.2, 115~121쪽, 2006.

김남희 외, 「빈곤 노인의 죽음불안, 건강상태, 가족응집성과 문제음주의 관계: 우울의 매개효과를 중심으로」, 《알코올과 건강행동학회》 17권 2호, 15~33쪽, 2016.

박용천, 「정신분석적 관점에서의 불안」, 《Anxiety and Mood》 Vol. 1, No. 1, 14~17쪽, 2005.

송정민 외, 「일차 진료에서의 범불안장애의 진단과 치료」, 《가정의학회지》 Vol. 26, 517~528쪽, 2005.

양정호, 「1692년 세일럼 마녀재판을 통해서 본 17세기 뉴잉글랜드의 종교문화」, 《젠더와 문화》 제8권 2호, 7~31쪽, 2015.

이수진, 「프로이트와 라캉, 불안의 개념화와 정신분석 실천 함의: 불안, 행위(로)의 이행 너머 환상의 횡단으로」, 《현대정신분석》 23권 제2호, 9~46쪽, 2021.

이준엽 외, 「불안 및 우울 장애에 있어서 불확실성에 대한 불내성의 역할」, 《Anxiety and Mood》 Vol. 9, No. 1, 3~9쪽, 2013.

임윤서, 「대학생의 시선을 통해 본 청년 세대의 불안경험」,
《민주주의와 인권》 18권 1호, 전남대학교 5.18연구소,
105~152쪽, 2018.

홍영오 외, 「한국 사회의 사회적 불안에 관한 연구」,
《한국심리학회지: 사회문제》 Vol. 12, No. 1, 129~160쪽, 2006.

국내 단행본

김춘경, 《상담학 사전》 1~5권, 학지사, 2016.

김태형, 《심리학자, 정조의 마음을 분석하다》, 역사의아침,
2009.

대니얼 L. 샥터 외, 《심리학 개론》, 민경환 외 옮김,
시그마프레스, 2013.

대니얼 네틀, 《성격의 탄생》, 김상우 옮김, 와이즈북, 2019.

대니얼 키팅, 《남보다 더 불안한 사람들》, 푸른숲, 2018.

데이비드 G. 마이어스, 《마이어스의 심리학 탐구》, 민윤기 등
옮김, 시그마프레스, 2011.

데이비드 버스, 《마음의 기원》, 이홍표 외 옮김, 나노미디어,
2005.

디크 스왑, 《우리는 우리 뇌다》, 신순림 옮김, 열린책들, 2015.

딜런 에반스, 《라깡 정신분석 사전》, 김종주 옮김, 인간사랑, 1998.

레나타 살레츨, 《불안들》, 박광호 옮김, 후마니타스, 2015.

르네 지라르, 《그를 통해 스캔들이 왔다》, 김진식 옮김, 문학과지성사, 2007.

────, 《나는 사탄이 번개처럼 떨어지는 것을 본다》, 김진식 옮김, 문학과지성사, 2004.

리처드 도킨스, 《만들어진 신》, 이한음 옮김, 김영사, 2007.

마르쿠스 가브리엘, 《나는 뇌가 아니다》, 전대호 옮김, 열린책들, 2018.

미국정신분석학회, 《정신분석용어사전》, 이재훈 옮김, 한국심리치료연구소, 2002.

미국정신의학협회(APA), 《DSM-5, 정신질환의 진단 및 통계 편람》, 권준수 옮김, 학지사, 2015.

빅터 프랭클, 《빅터 프랭클의 심리의 발견》, 강윤영 옮김, 청아, 2017.

쇠얀 키에르케고르, 《사랑의 역사》, 임춘갑 옮김, 도서출판
치우, 2011.

___, 《불안개념/죽음에 이르는 병》, 강성위 옮김, 동서문화사,
2007.

수 앳킨슨, 《우울의 심리학》, 김상문 옮김, 소울, 2010.

아르네 그뵌, 《불안과 함께 살아가기》, 하선규 옮김, 도서출판b,
2016.

알랭 드 보통, 《불안》, 정영목 옮김, 은행나무, 2011.

앨런 프랜시스, 《정신병을 만드는 사람들》, 김명남 옮김,
사이언스북스, 2014.

앨런 호위츠, 《불안의 시대》, 이은 옮김, 중앙books, 2013.

에드워드 쇼터, 《정신의학의 역사》, 최보문 옮김, 바다출판사,
2020.

요아힘 링엘나츠, 《행복한 지붕수리공》, 김재혁 옮김, 하늘연못,
2005.

웨인 웨이튼·마거릿 A. 로이드, 《생활과 심리학》, 김정희 외
옮김, 시그마프레스, 2006.

윌리엄 셰익스피어, 「햄릿」, 《셰익스피어 4대 비극》, 셰익스피어 연구회 옮김, 아름다운날, 2005.

자크 라캉, 《욕망 이론》, 권택영 옮김, 문예출판사, 1994.

———, 《세미나 11, 정신분석의 네 가지 근본 개념》, 맹정현·이수련 옮김, 새물결, 2008.

제럴드 코리, 《심리 상담과 치료의 이론과 실제》, 천성문 옮김, Cengage Learning, 2017.

제레미 리프킨, 《공감의 시대》, 이경남 옮김, 민음사, 2010.

조르주 캉길렘, 《정상적인 것과 병리적인 것》, 여인석 옮김, 그린비, 2018.

지그문트 프로이트, 《정신분석학의 근본 개념》, 윤희기·박찬부 옮김, 열린책들, 2020.

———, 「집단 심리학과 자아 분석」, 《문명 속의 불만》, 김석희 옮김, 열린책들, 2004

———, 「억제, 증상, 그리고 불안」, 《불안과 억압》, 황보석 옮김, 열린책들, 2004.

———, 《끝낼 수 있는 분석과 끝낼 수 없는 분석》, 이덕하 옮김,

비(도서출판b), 2004.

카렌 호나이, 《우리 시대는 신경증일까?》, 정명진 옮김,
부글북스, 2015.

크리스토퍼 레인, 《만들어진 우울증》, 이문희 옮김, 한겨레출판,
2009.

팀 로마스, 《툭하면 기분 나빠지는 나에게》, 김아영 옮김,
책세상, 2020.

파울 페르하에허, 《우리는 어떻게 괴물이 되어 가는가》,
장혜경 옮김, 반비, 2015.

____, 《우리는 왜 어른이 되지 못하는가》, 이승욱 외 옮김, 반비,
2020.

프랑코 비포 베라르디, 《죽음의 스펙터클》, 송섬별 옮김, 반비,
2016.

하지현, 《정신의학의 탄생》, 해냄, 2016.

한병철, 《피로사회》, 김태환 옮김, 문학과지성사, 2012.

혜경궁 홍씨, 《한중록》, 신동운 옮김, 스타북스, 2020.

홍영오 외, 「한국사회의 사회적 불안에 관한 연구」,

《한국심리학회지 : 사회문제》 12권 1호, 129~160쪽, 2006.

외국어 논문과 도서

Deacon, Brett J., 「The biomedical model of mental disorder:
A critical analysis of its validity, utility, and effects on
psychotherapy research」, 《Clinical Psychology Review》
33(7), 2013.

Freud, S. 「Inhibitions, Symptoms and Anxiety」, 《SE》 Vol. 20,
Strachey Ed & Trans, London: Vintage Books, 1959.

Kierkegaard, Sören, 《The Concept of Anxiety: A simple
Psychologically orienting Deliberation on the dogmatic
Issue of hereditary Sin》, United Kingdom: Princeton
University Press, 1980.

_____, 《The Sickness Unto Death》, Princeton University
Press, 1983.

Lacan, J., 《Le Séminaire Ⅱ, Le moi dans la théorie de Freud
et dans la technique de la psychanalyse》, Paris: Seuil, 1978.

_____, 《Le Séminaire Ⅷ, Le transfert》, Paris: Seuil, 1991.

____, 《Le Séminaire X, L'angoisse》, Paris: Seuil, 2004.

____, 《Le Séminaire XI, Le Séminaire XII, Les quatre concepts fondamentaux de la psychanalyse》, Paris: Seuil, 1973.
Shorter, E., 《From Paralysis to Fatigue: A History of Psychosomatic Illness in the Mordern Era》, New York: Free Press, 1992.

배반인문학

불안

1판 1쇄 발행 2022년 5월 30일
1판 3쇄 발행 2024년 10월 4일

지은이 · 김 석
펴낸이 · 주연선

(주)은행나무

04035 서울특별시 마포구 양화로11길 54
전화 · 02)3143-0651~3 | 팩스 · 02)3143-0654
신고번호 · 제 1997—000168호(1997. 12. 12)
www.ehbook.co.kr
ehbook@ehbook.co.kr

ISBN 979-11-6737-179-9 (04100)
ISBN 979-11-6737-005-1 (세트)